华工人

2018

SOUTH CHINA UNIVERSITY OF TECHNOLOGY

华南理工大学校友会 编

华南理工大学出版社
SOUTH CHINA UNIVERSITY OF TECHNOLOGY PRESS
·广州·

图书在版编目（CIP）数据

华工人．2018／华南理工大学校友会编．—广州：华南理工大学出版社，2018.11
ISBN 978－7－5623－5818－3

Ⅰ．①华…　Ⅱ．①华…　Ⅲ．①华南理工大学－校友－先进事迹　Ⅳ．①K820.7

中国版本图书馆 CIP 数据核字（2018）第 234899 号

华工人·2018
Huagongren·2018
华南理工大学校友会　编

出 版 人：卢家明
出版发行：华南理工大学出版社
（广州五山华南理工大学 17 号楼，邮编：510640）
http：//www.scutpress.com.cn　E-mail：scutc13@scut.edu.cn
营销部电话：020-87113487　87111048（传真）
责任编辑：谢茉莉
印 刷 者：广州市新怡印务有限公司
开　　本：787 mm ×960 mm　1/16　**印张**：17　**字数**：286 千
版　　次：2018 年 11 月第 1 版　2018 年 11 月第 1 次印刷
定　　价：80.00 元

《华工人》编委会

目 录

CONTENTS

创业凯歌

睿智商海

工匠本色

科技兴邦

学术求索

SOUTH CHINA UNIVERSITY OF TECHNOLOGY

2018

华工人

创业凯歌

赤子心　华工情

——访白马信息产业集团董事长韩子伟校友

■　苏经俐

〈〈〈 **韩子伟** HAN ZIWEI

［人物名片］

韩子伟，1977 年入读华南工学院（现华南理工大学）自动化系，有着传奇的创业经历，现任白马信息产业集团董事长、白马国际董事长、白马资源投资控股董事长、白马集团副董事长。1986 年从广告媒体起家，创造过太阳神、健力宝、百年润发等品牌。白马集团发展至今已成为中国最著名的广告公司和媒体集团之一。2001 年白马户外媒体在香港上市，成为中国内地首家在香港成功上市的户外广告公司。

六月，毕业季。

时光无涯，聚散有时。毕业三十六年的韩子伟在这仲夏时分又与母校重逢了。

日理万机的韩子伟一接到母校想前来采访的电话，便马上停下忙碌的工作行程与我们会面。

在生意场上摸爬滚打了这么多年，我们在韩子伟身上看到爽朗大方、睿智冷静的商人风范。但是，在母校面前，他永远都是那位意气风发的少年，青涩、稚嫩却勇敢、智慧；在校友面前，他表现得更多的是真诚的一面。时光一下倒回四十年前。

韩子伟将他独特的人生经历与感悟向我们娓娓道来，那份真情的倾诉令我们动容，一番朴实的述说让我们顿悟。

敞开一颗感恩的心，他真诚流露，“我愿意为母校奉献我所有的力量。”

阔别经年 不忘华园情缘

韩子伟在华工求学时留影

韩子伟是华南工学院自动化系1982届的毕业生，有着传奇的创业经历。

1977年，国家恢复高考。韩子伟满腔热情地想要建设国家、报效祖国。他认为，学习理工科能更好地建设国家，而广州作为沿海城市，正是他大展身手的好舞台。于是，他将目光瞄准了中国南方最好的理工科学校——华南工学院。而在考入华工自动化系前，他已经是海南岛一家有着400多人规模的农场常务副场长。

就这样，韩子伟与华工结下了不解之缘。这缘分，一结就是一辈子。

回想当年的入学情景，往事历历在目，韩子伟感慨万分。他回忆道："我的年纪跟班里的同学一样，班上还有同学是带着小孩来读书的。那时候，读自控专业的人很少，分也很高。"当得知如今自动化系依旧是华工的热门专业时，他感到非常自豪和光荣，他希望学校的自动化专业和其他专业发展越来越好，越来越与国际接轨。

接到学校的人文景观画册时，韩子伟尤显激动。画册一页页翻过，往日求学的情景一幕幕浮现眼前，一段段美好而珍贵的记忆在脑海掠过。特别是12号楼、新旧校门的今昔对比，更勾起了韩子伟深深的回忆。

恢复高考便考上大学的学子们深知读大学机会来之不易，内心充满了感恩与对知识的渴望。以至于那时在校园里随处可见沿着湖边背书的同窗，图书馆、自习室更是一座难求……那些年、那些事和那些人，无不成为韩子伟那一代华工人的珍贵记忆。

这份对母校的情感不仅延续至今，而且愈益绵长。韩子伟迫不及待地了解起学校更多的情况，他问起昔日同窗的去向，了解学校未来的发展规划，对学校每年招生和毕业情况、国际校区和海外交流项目格外关注。

早年曾因工作原因移民澳洲的韩子伟，对澳洲非常了解，加上近三十年来他穿梭往返于各国政要及金融、工商界，积攒了许多海外政要、商贾的人脉资源。当他听闻学校有建立海外校区，与国外名校有更多合作设想时，越发激动，表示愿意为母校办学贡献自己一份力量，将自己的海外资源奉献给母校。这份“纵横半生，仍怀赤子之心”难能可贵！

韩子伟（后排左二）在华工求学时期与同学们到七星岩出游合影

不仅如此，韩子伟还引经据典为我们讲述了他独特的经营之道，从土耳其到阿根廷，从西欧到“一带一路”，以此与学校的发展做类比。他希望以后各个系之间要加强合作，资源互通共享，希望母校的办学能再上台阶，比肩全球名校。

我们无不惊叹于韩子伟丰富的人生阅历和情系母校的感恩之心，但韩子伟却谦虚地表示：“这是华工人应尽的责任。”的确，有许许多多像韩子伟这样的华工人都正在各个工作岗位上发光发热，展现出非凡的华工气质与华工风采！

闯荡江湖　成就几番事业

从华工毕业后，韩子伟被分配到广东省食品工业研究所自动化研究室工作。

凭着出色的社会经验与高等教育背景，韩子伟不久后就当上了研究室主任。接下来他做自动控制，选择项目做科研。无论身处怎样的工作岗位，在职期间他总是竭尽全力。

工作六年后，他想去国外“充充电”，随后便去了澳洲。原本他只是把在澳洲的日子当成过渡期，走走看看，放松心情，不料去了澳洲之后竟意外地喜欢上了那里。

在澳洲学了三个月英语后，他申请加入澳洲一家与自动控制专业相关的电脑公司。这家电脑公司十分缺乏自动化方面的人才，恰逢韩子伟也想尝试一番新的人生，于是他便移民到了澳洲。

韩子伟的父母、兄弟都在国内，家人都希望韩子伟能在国内发展。不敌亲情的召唤，在澳洲工作两年后，韩子伟启程回国。回国后，韩子伟在事业上与其长兄和胞弟各展所长，联手打拼，缔造了一个商业神话——短短三十年，实现了“广告起家，户外上市，多元聚合”的自身发展“三级跳”，他和其胞兄弟也被誉为“韩氏三兄弟”。

韩子伟（右二）与国外客人交谈

"白马广告"在广州创立于1986年。早期以拍摄制作影视广告为主，仅两三年时间便一跃而起成为当年中国首屈一指的民营广告公司。"白马广告"曾为太阳神、健力宝、百年润发等逾百个品牌创作和拍摄过广告片。

公司规模扩大、声名鹊起之后，"韩氏三兄弟"认为他们不应只"卖"创意，还应往资本密集型方向发展，于是，他们开始投资媒体和户外广告。在这期间，"白马"不仅在全国各大城市斥巨资新建公交候车亭和站台巨幅广告灯箱，构筑一个覆盖全国一、二线城市的庞大户外媒体网络——"风神榜"。同时，还向各大媒体大手笔抢投各类广告，电视、报纸、杂志、图书等媒介全部涉及。

2001年，"白马户外"在香港主板上市，成为中国内地首家在香港成功上市的户外媒体公司。

从20世纪90年代中期到21世纪头十年，这是"白马"高速发展和走向成熟的时期。其间，"白马"把目光投向海外，迈开国际化的步子。

韩子伟分别与全球十大葡萄酒集团之一的澳洲奔富集团和澳洲女首富合作，在中国率先引入"奔富"葡萄酒和"纽蔓氏"化妆品两大国际著名品牌；与澳洲最大出版商 Kevin Weldon 和澳洲最大广告商 John Signleton 联手，在广州创办《今日澳洲》报纸，澳洲时任与前任三位总理和时任七位部长以及广东省省长和广州市市长分别发来贺信。

"白马"与全球最大的户外广告公司美国卡利亚传播集团合资，共同做大全球户外广告媒体的"蛋糕"，投资澳洲西澳铁矿石公司，收购澳洲林德曼岛，在澳洲黄金海岸以及国内北京、广州、海南、潮州都有房地产项目。

"当下'白马'最需要考虑的是未来三十年的发展大计，而不是回眸那已经过去的三十年。"韩子伟说。

"墨守成规显然是没有出路的。在过去的三十年，'白马'既得国家和广东持续出台一系列促进国民经济快速发展的政策之天时，又得地处改革开放前沿、敢为天下先的广东之地利，再加上'白马'决策者骨子里那种勇于尝试、敢于创新的基因，方使自身发展小有成就。未来，'白马'依然、只能、必须坚持走创新之路。"韩子伟用很重的语气强调了这三个关键词。

韩子伟说，目前，他把注意力高度集中在创立"白马良仓"这件事上——利用"白马"过去三十年积累的营销经验、媒体资源和全球合作伙伴，为中国市场提供"全球同质同价"的美酒美食。

韩子伟（中）与“白马良仓”盟友合影

“白马良仓”秉持这个“全球直供，全球同价”理念，一方面用产地价格直供全球同质同价的葡萄酒，另一方面由中央厨房名厨烹制、用冰箱冷冻保存、加热即食的“白马私房菜”，不仅让专业中餐走进千家万户，还走向全世界。

韩子伟向我们透露，“白马良仓”目前已在欧洲、澳洲、美洲以及国内建立起采购全球优质良品的直供基地，其商业操作之大、资源投入之多、积极意义之深远，尽在不言中。

看得出，这只是“白马”在未来发展的大棋盘里布下的一颗重要棋子。

历尽千帆　归来仍是少年

毕业三十六载，韩子伟还是会时常想起华园的老师和同学们，想念那段求学的旧日时光。

韩子伟对周其节、涂其栵、李培豪、宋庭熙、钟慕良、吕均星、彭康永等老师依然念念不忘。他说，当年刚刚甩掉“臭老九”帽子的老师们格外珍惜重返讲坛执教的机会，格外敬业，格外尊重知识和人才。他们无怨无悔地为同学们倾尽毕生所学，悉心相教，也时常与同学们聚首谈心。所以，那时的师生关系特别好，老师在传授理论知识的基础上，师生间还会交流工作经验，分享人生故事。

那个年代，很多同学在恢复高考前已经工作过一段时间，积攒了一些工作经验，因此跟老师交流起来，会产生很多共鸣。正如韩子伟忆述那般："在很多情况下，学生跟老师之间的对话颇像朋友之间的对话。"

不过，令韩子伟略感遗憾的是，从华工毕业之后，同学们就很少再聚到一起了。当年风华正茂的他们，满怀建设祖国的热情走出校园，投身于各行各业，虽然已经取得了不错的成绩，但他们对自身要求颇高，而自视则甚低，经常不好意思前来参加同学聚会。

韩子伟（中）接待南澳洲农业部长来访

"什么是成功，有统一的标准吗？财富多少是标准吗？官做多大是标准吗？当然不是。"韩子伟认为，人"穷则独善其身，达则兼济天下"便是成功。因此，他鼓励大家常在一起聚聚，同学之间多沟通、多互相帮助。不要到了垂暮之年，回首往事，方才感叹："还没来得及跟老师们说声谢谢，他们就已经老去，自己也跟着老去。"

除了老师们传道授业解惑和人格魅力的感染，更让韩子伟感恩的是母校培养了他的自信以及学习、工作的能力。华南理工大学作为中国的一流高等学府，其浓厚的学术氛围和华工人的优秀事迹让韩子伟形成了他宏大的格局，开阔了他远大的视界，锻造了他坚韧的性格。华工一直在默默地给予他风雨兼程的动力和信心，让他坚信自己有能力、有实力去创造属于自己的事业天地。

时常与制造业和质量监督部门打交道的韩子伟，非常敬佩长期以来默默为中国经济发展奉献毕生精力的所有华工人。正是有了脱颖而出、崭露头角的华工毕业生在为“中国制造”“中国创造”贡献自己的聪明才智，广东乃至全国的实体经济才得以快速发展。韩子伟寄望学弟学妹们谨记“博学慎思，明辨笃行”的华工校训，规划好自己的职业生涯，助力“中国制造”迈向“中国创造”，做一个有担当、敢创新的华工人。

从韩子伟的谈吐和人生经历中，我们感受到他目光远大的抱负、无所畏惧的不羁和追求完美的极致。他对人生或生意场的每一件重要的事，都会呕心沥血，精益求精。每每想起韩子伟，就让人不禁想起毛泽东的著名诗句：“一万年太久，只争朝夕。”无论是在海南农场干活还是在华工求学，无论是在商海打拼还是在造福社群，他都争分夺秒，从不把年轻当作可以挥霍的资本，反而更加踏实、更加努力，最终成就了一番宏伟的事业。

光阴荏苒，时光难再。如今“历尽千帆”的韩子伟，归来时依然有着当年意气风发、挥斥方遒的少年模样，有着高瞻远瞩、勇闯天涯的非凡气概！

用热爱扬起人生的风帆

——访成都嘉源置业有限公司总经理罗鸣开校友

■ 袁若萱

与罗鸣开校友交谈，让人感觉到震撼，一种时代的变迁和个人命运相碰撞所产生的震撼。一方面是中国从动荡的年代，在短短的几十年间，经历了其他国家也许一个世纪才能完成的社会变迁，因而每个人的命运不得不受到大背景的影响；另一方面是在时代的滔滔洪流中，每个人都可以奋斗作舟，激流勇进，将大石拦路视作进步的阶梯，热爱自己的工作，在每一个岗位上努力做到问心无愧，实现自己的人生价值。1982 年从华园毕业，对于未来有着无限憧憬，却也带着无限的茫然；到进入社会，经历生活的大风大浪，在不同的岗位上奉献着自己的青春；再到如今已经进入知命之年，罗鸣开始终将热爱贯穿于自己的人生，不论身处怎样的角色，需要承担怎样的责任，不论是对于工作还是生活，不论处于人生的高潮或是低谷，始终保持着乐观、积极的态度，做最好的自己。

〈〈〈 **罗鸣开** LUO MINGKAI

［人物名片］

罗鸣开，1960 年 2 月出生，1978 年 9 月入读华南工学院（现华南理工大学）轻化系制糖专业。1986 年初由四川内江糖厂转入成都耀华食品厂，先后从事出口产品生产销售、拍卖行、司法鉴定、律师事务所、企业投资等行业，2005 年开始进入房地产业领域，现任成都嘉源置业有限公司总经理。

人生百年　立于幼学

都说父母是孩子的第一任老师，童年时的孩子就像一张白纸，父母看似不经意的言行举止，都会一点点印刻在孩子的生命中，耳濡目染，逐渐成为孩子性格的一部分。好的品质能让人受益终身。

1960年出生的罗鸣开，童年时期正好赶上“文化大革命”，社会动荡不可避免地影响到了每一个家庭。1967年有一天傍晚当地武斗，县城外枪炮轰鸣，有颗炮弹落在罗鸣开邻居家院子里，虽然没有响，但造成了周围人的惊慌失措，纷纷逃离县城。兵荒马乱之时，罗鸣开的父母却很冷静，意识到如果当时立刻离开县城，人群拥挤，乘船的人会很多，容易与孩子们走散，而且如果当时离开，枪炮声未停，危险性更大——于是做出了果断的决定，等到深夜再乘船离开县城。父母能够在混乱中保持冷静的头脑，不随波逐流，而是逐条分析眼前的局势与情况，作出最优的选择，这件事对罗鸣开有深刻的影响，让他日后无论是站在人生的十字路口，或是面对复杂的境况，都能通过谨慎的思考，做好每一个抉择。

虽然外部的大环境处在动荡之中，但是家庭生活却是平平淡淡中有着朴实的幸福。罗鸣开的童年是很快乐的，在温馨而日复一日的家庭生活中，父母培养了他珍贵的品质：对待工作，不论是简单还是复杂，无论岗位是重要或是普通，都应该兢兢业业，严格要求自己；不抱怨，以一颗赤子之心做好自己的本职工作，如果遇到困难或是问题，则要以沉稳的态度冷静处理；对待生活，始终保持着乐观与积极的态度，不执着于功利与财富，平平淡淡才是真，能够与家人在一起共享天伦之乐就是最大的幸福。在罗鸣开的一生中，父母潜移默化的教育始终影响着他，在工作中，他认真而沉稳，默默奉献着自己；对于生活，他始终保持着充沛的热情，运动、收藏、旅游等兴趣爱好，都是他生活的一部分。现在的他渐渐

罗鸣开（右一）与当年在化工同室的舍友留影

从忙碌的工作中脱离出来，享受祖孙之间相处的快乐时光。

求学华园　展翅之始

1978 年刚刚恢复高考，罗鸣开成为了第一批“幸运儿”，但是当年的高考无论是录取制度还是专业的选取，都没有如今便利的信息，考生报考时也比较茫然。当时广泛流传着一句话：“学好数理化，走遍天下都不怕。”在这样的考虑下，罗鸣开首先决定要选取工科类院校作为自己的志愿，再加上对于学校地理位置的思量，位于沿海城市的华南工学院便成了首选。但由于刚恢复高考，录取的制度还不是特别完善，因此专业录取是由学校决定的。可以说，罗鸣开是在命运安排下来到了轻化学院，来到了制糖专业。

2012 年罗鸣开在母校庆祝毕业三十周年时补拍的学士服照

在华工四年的生活中，有挥霍汗水、奋力学习的时光，当然也有难以忘怀、轻松愉悦之时，罗鸣开至今仍记得晚上或周末和同学们到学校周边单位去看电影的场景，那个时候大家都无忧无虑，学习以外都生活得简单、活泼、快乐。与志同道合的同学们一起，激扬青春，享受着幸福而快乐的青春时光。一同奋斗，一同出游的时光，都被珍藏在记忆里，若干年后同学聚会抑或是同后辈回忆起自己的大学生活，还能品尝到鲜活而幸福的气息。

“都言大学逍遥游，吾道始是展翅时”，大学无疑是人一生最珍贵的时光之一。处在青年时期的大学生，有着最充沛的活力，最旺盛的求知欲，对于学习中遇见的一切新奇内容都有着很强的好奇心，大家都十分珍惜来之不易的受教育机会，对于老师传授的知识也都会努力地吸收理解。对于罗鸣开来说，在大学最大的收获是培养了科学严谨的思维模式。年少时学习的知识内容，如果多年不加以使用，便会被逐渐淡忘。但是在华工受到的通识教育，在老师的引导下，形成的理工科通用的思维模式，这让罗鸣开在诸多方面受益，并不仅仅局限于自己所学的专业，更是影响了他日后遇到问题时思考的方向与深度。“华工是企业家的摇篮”，罗鸣开的很多同学也和他一样，成了企业家，而这与华工重视对学生思维的培养有着紧密的关系。

长风破浪　热爱为舟

1982 年毕业之时，大学生的工作都是由国家分配的，由象牙塔突然走入社会，罗鸣开对当时的未来充满希望和幻想之余，也对未来的发展感到十分茫然。由于社会经济建设的很多方面都处于起步的阶段，所以各行各业都亟需有知识的大学生，对于人才的大量需求使工作单位对于专业没有太多的挑剔，因此在那个年代转行是很普遍的。“就我们班而言，一共有近60 名同学，因各种原因先后有大约70% 的同学选择了转行，其中包括我自己，而选择转行的同学，也都在各自的岗位取得了成就。”1986 年初，罗鸣开由四川内江糖厂转入成都耀华食品厂，此时的他还在从事专业相关工作，而1989 年初便彻底转行进入商业领域，在四川内江外贸五矿公司就职。在外贸公司工作的经历坚定了罗鸣开从商的信心，1996 年他开始创办自己的民营企业，先后从事出口产品生产销售、拍卖行、司法鉴定、律师事务所、企业投资等行业，2005 年开始进入房地产业领域，如今已经成为成都嘉源置业有限公司的总经理。

随着时代的发展，人生总会有很多不同的选择，未来的职业也不应被自己的专业所限制。这一路走来，罗鸣开经历了无数的大风大浪，他对于成功最深刻的感悟便是无论身处什么岗位，只要热爱它并用心去做，自我价值就会得到很好的实现。对于工作，在自己的岗位上，便要热爱自己的工作，只有通过热爱，才能更好地完成工作，才能在岗位上有自己的贡献；对于生

罗鸣开（右一）参加 2017 年中秋节及毕业三十五周年聚会

活，罗鸣开直言除非有计划外的重大工作，他一般都会好好安排自己的休闲生活。只有热爱生活的人，才能获得良好的休息，从而以饱满的精神面貌更好地工作和生活。

“一个人的一生应当是这样度过的：当他回首往事的时候，不会因为虚度年华而悔恨，也不会因为碌碌无为而羞耻。”罗鸣开的经历便是对这句话最好的写照，在人生的激流中，他以热爱为舟，始终以一颗乐观积极的心，热爱工作，在每一个岗位上努力做到尽善尽美；热爱生活，享受运动，享受旅游，享受祖孙之间的天伦之乐；热爱生命，享受成功路上的每一个脚步！

结语

华工作为传统的理工类强校，加上沿海的地域因素，因此在发展的进程中始终着重关注学生基层实干精神和商业敏锐性的培养，罗鸣开希望目前在读的母校学生和已经毕业即将步入社会的学生，都能够将这种实干、敏锐性继续发扬。尽管毕业多年，罗鸣开始终没有忘记母校对于自己的培养与期许，他衷心地祝愿母校继续发挥自己的优势，能够多多研究出全国乃至全球范围内重大科技成果，将来成为“东方的麻省”；希望华园学子能够发扬“博学　慎思　明辨　笃行”的校训精神，成为对国家与社会有贡献的人。

2017年中秋节及毕业三十五周年聚会活动合影

WEN RIGUANG**温日光**›››

[人物名片]

温日光，1978 年 2 月入读华南工学院（现华南理工大学）无机系水泥专业本科。毕业后被分配到广西柳州水泥厂工作。1998 年底成立广西南宁富日来建材工贸有限责任公司，2016 年成立广西富日来投资有限公司并出任总经理。2016 年 10 月受任南宁华商会第二届副会长，12 月任南宁市良庆区工商业联合会（商会）第三届执行委员会副会长。

审时度势　挑战自我

——访广西南宁富日来商贸有限公司总经理温日光校友

■ 麦淞碧

"我就是抓住了机会，关键时刻选择对了方向，顺势而为，就成功了，并没有什么特别之处。"虽然温日光校友如此谦虚地概括他成功的秘诀，但是从他深入浅出的语言中，我们感受到他成功背后的不满足现状、眼光长远、脚踏实地的品质。温日光是华南工学院迎来的"文革"后第一批大学生之一，在20世纪90年代国有企业大刀阔斧进行改革的时候，不惑之年的他仍怀激情下海创业，在机缘巧合的情况下开创出了中年事业。

无心插柳　缘定华园

由于是"文革"后恢复高考的第一届，受到全国人民和媒体的格外关注。从1977年10月21日开始，中国各大媒体发布恢复高考到上考场仅剩下50天。虽然白天忙于劳作，但是抱着离开"面朝黄土背朝天"农村生活的想法，温日光见缝插针地复习备考，开始孜孜不倦地看书学习。凭借着先前的工作经验和短期的突击学习，再加上考场上的平稳心态，温日光正常发挥如愿考上了大学。恢复高考的第一年，高考报名有570万人，录取27万人，录取比例不到4.8%，温日光是走过这座独木桥的人之一。能够来到华工，能够读无机系水泥专业完全是意料之外，按他话说就是服从“国家需要”。温日光小时候很喜欢无线电，无线电专业是他填报的第一志愿，填报志愿时也没有刻意选择华工，“能够读大学就很不错了，什么学校、专业都可以”，到任何一个专业都要学好，都是为国家社会发展作出贡献。虽然说来到华工是“无心插柳”，但是来到华工之后的大学时光在现在看来已经是“柳成荫”了。

温日光（前排右一）宿舍六人在12号楼前留影

温日光在广州海珠广场留影

勤学苦读　不负光阴

回想起大学时光，温日光生活作息很规律，很充实。那时候绝大多数学生都争分夺秒地学习，学习的氛围相当浓厚，毕业之后这批大学生奔赴全国各地，成为各个领域的中流砥柱。除了在图书馆和宿舍学习，就是在球场上踢足球锻炼身体，有时也会呼朋引伴去华师或暨大看电影，这些难忘的大学经历，成为他大学生活难以磨灭的记忆。

华南工学院无机材料科学与工程系胶凝材料专业 1977 级毕业照

恢复高考的头三届（1977 级，1978 级，1979 级）是一批特殊的大学生，班里同学的家庭背景和年龄差别都比较大，小的只有十五岁，大的三十多岁甚至有了孩子，两者年龄相差一倍多，但是在日常的朝夕相处中，大家都能惺惺相惜，和睦相处。当时，在国家刚刚恢复生产和改革开放经济增长带动水泥等建筑材料需求的时代背景下，华工无机系水泥专业偏向应用，理论研究偏少。学校有成套的检测设备，老师带着学生到各个工厂车间实习，并把工厂生产的水泥样品拿回学校检测，给工厂提供改进生产意见，得到了工厂的一致好评，各工厂也积极提供实习机会欢迎师生的到来。求学的时间如白驹过隙，稍纵即逝，“毕业后我们都被国家分配到五湖四海，各奔东西。大学一别，有可能是最后一面”。也正是因为这样，来自五湖四海的同学们能聚集到一起非常不容易，年龄差别也不能阻隔这份纯洁可贵的同学情谊。直到现在，同学们依旧每三年在全国各地轮流举行同学聚会，2017 年的聚会地点是在广西南宁，作为东道主的温日光热情周到地接待了这些曾经的同窗。

告别华园　兢兢业业

温日光在柳州水泥厂工作

那个年代，大学生毕业都是国家统一分配到全国各个单位，也就是所谓的“铁饭碗”。温日光1982年毕业之后被分配到全国最大的水泥厂——广西柳州水泥厂。“我人生第一次坐飞机就是知道分配结果去报到的时候。从广州到柳州，坐火车要两天时间，轮船要三天时间。那时候迫不及待想要收拾行李赶紧去报到，生怕错过了。”初到柳州水泥厂的时候，温日光并没有因为“第一批大学生”这个身份而放不下身段，而是踏实勤劳地从基层车间做起，每天都下车间学习生产的每一个流程，这个肯干肯吃苦的年轻大学生让车间的老员工们刮目相看。“刚毕业几年的基础很重要，无论过去还是现在，虽然高等教育学习了理论知识，但是与实践还是有差距，只有脚踏实地，虚心学习，才能为以后发展奠定良好的基础。”这是温日光的切身感悟。

辞职下海　乘风破浪

20世纪90年代是国有企业大刀阔斧改革的年代，很多国有企业的最大债主是银行，由于“债转股”实施后银行变成了“最大的股东”，这导致企业的国有性质和未来发展不明确，在此背景下，柳州水泥厂因决策领导层的战略失误，开始走下坡路以致最后被收购。宏观环境改变的外因，现有企业发展思路与自己的思路不符的内因，要走就趁早走，虽然已是不惑之年，但温日光毅然辞职下海，于1998年成立了广西南宁富日来建材工贸有限责任公司。

当时敢辞职创业“闯天下”的观念并不普及，很多保守的人更愿意守着国家的“铁饭碗”。温日光虽然也有这方面的担心，但他还是辞职并进入了自己最熟悉的水泥、钢材行业的“大海”里。在销售水泥、钢材的过程中，温日光面临着所有企业都会遇到的资金回笼和企业盈利问题。零售的水泥、钢材资金回笼快但是规模不大很难实现盈利；工地水泥规模大、市场需求大但是资金回笼慢。温日光一直在思考，如何开拓新的领域。机缘巧合，当时国家提供了很多优惠的贷款政策促进开发区的发展，温日光物色购买了开发区两块土地，凭借政府政策的“东风”，一边做水泥钢材生意，一边建厂房出租。

1997 年温日光被派往俄亥俄州学习

2002 年开始，很多广东企业到广西发展，由于对市场形势和未来盈利的不确定，相对于买地建厂房，租厂房更受他们的青睐，凭着敏锐的商业嗅觉，温日光将空闲的厂房租给了这些外来发展企业。厂房租金的资金回笼快和低风险使温日光原本买地建厂房用于生产的用途，偏向了买地建厂房用于租赁发展，并把更多的时间和精力投入物色开发区的土地，继续扩大投资。开发区的土地价格并不贵，但是为了提高土地利用率，国家要求这些工业用地的投资强度达到每亩500万元，以拉动劳动就业、产值税收，这给很多中小型企业设定了用地门槛，于是形成了资金实力雄厚的企业开始购买土地建标准厂房、中小型企业租赁厂房办企业、政府给租赁厂房的企业补贴的经济发展模式。

想要购买土地，扩大厂房租赁业务的温日光也面临着大多数投资企业流动资金不足的问题，这成了他继续走下去的最大难题。在考虑到各种融资渠道的成本后，不畏困难的温日光选择把厂房和土地使用权抵押给银行获取资金以扩大经营规模，并提高自己的还款能力。把资金的来源渠道这个拦路虎解决之后，后面的发展就更加顺风顺水了，目前他信心满满地与商业伙伴投资占地一千多亩的特色小镇建设之中。洞悉到未来企业发展方向的温日光，更加坚信这条道路的可行性，他在关键分叉口又做了一次重要的选择。

温日光（右二）参加柳州鱼峰集团 1996 年 10 月引进设备的签字仪式

双燕双飞　悠然自在

从吃固定的“铁饭碗”到做“自由人”的转变，温日光的家庭生活发生了变化。温日光在柳州水泥厂遇见了一生的挚爱，虽然自己想离职创业，但是由于风险难以把控和创业观念不普及，温日光的夫人仍然留在原单位，“万一失败了，家里也有个经济来源，不至于没饭吃”。妻子稳定的经济来源让温日光离职创业时少了很多后顾之忧，放手一搏闯出自己的天地。如今，夫人已经退休，温日光也是一位“自由人”，两人又过起了无拘无束的休闲生活。

温日光（左二）与曾经的大学舍友四十年后再聚首

劝君惜时　脚踏实地

就算现在生活清闲可以自由安排时间，温日光仍然每天早早来到办公室开启一天的生活。每个人一生吃的苦和尝的甜都是平衡的，“年轻人怕吃苦老来就要受罪，年轻时候试错的成本低，请教别人也不丢脸，等到年龄大，职位高，这时犯错的代价就大了”。

“珍惜大学的时光，努力读书。”是采访温日光时他说得最多的话，纵使采访结束之余，他也不忘关切现在华工学子的学习风气。他时刻叮嘱，在这所“双一流”高校中，同学们应该更加注重创新，重视理论研究，才能领先其他学校，每一位华工学子都应该敢于创新；在校时要认真学习理论知识，打好扎实的理论基础，出来工作后要脚踏实地，虚心学习；在工作岗位，首先想到的应该是单位需要我做什么，而不是我要干什么高大上的工作，要把华工人务实的宝贵品质带到以后的工作中去。

温日光（中）与学校师生合影

无悔选择　越走越自信

——访广州恒远彩印公司董事长侯焕昌校友

■　何张平

“大江东去，浪淘尽，千古风流人物……”进入侯焕昌董事长的办公室，一幅《念奴娇·赤壁怀古》的书法作品映入眼帘，四顾望去，办公室简约敞亮，酷爱收藏的侯焕昌用自己的藏品将办公室装饰得别有一番风味。“我是广东梅县人，客家人不可一日无茶，我们边喝茶边聊吧。”他说道。于是我们一行人簇拥着坐在精美的茶具旁，听侯焕昌聊起了他的故事。

求学　努力造就幸运

侯焕昌大学前的学习极为不易，由于刚刚恢复高考不久，学校的师资配备极为不足，教学设施也极为简陋。但是条件的困苦并不能改变他想读大学的决心，他刻苦努力，自学了多门课程，参加了恢复高考后第三届全国高考，如愿考上了华南工学院。他向我们介绍，高中时全校有200多名毕业生，却只有8人能够考上大学，他能够进入华工是极为幸运的。“当

‹‹‹ 侯焕昌 HOU HUANCHANG

［人物名片］

侯焕昌，1979年入读华南工学院（现华南理工大学）热处理专业。先后在广州石油化工总厂、广州虹桥印刷厂、新疆恒远中汇包装公司任职。现任广州市恒远彩印公司董事长、华南置业公司副董事长。

时有4个同学达到了重点大学分数线，有3个同学都选择了华工，当时来华工读书是件特别自豪的事情。”回首往昔，侯焕昌神采奕奕。

华园　追忆青春岁月

1979年，侯焕昌入读华工，度过了人生中宝贵的四年大学生活。我们问道：“华园中有什么让你印象深刻的人或事吗？”侯焕昌喝了一口茶，透过其眼睛，我们仿佛能够看到他的华园记忆。他说，印象最深刻的事是1982年时，著名科学家、教育家、社会活动家钱伟长来学校作的一次报告。报告上钱伟长先生说：“路途总是坑坑洼洼的，但是我们无须害怕，只管勇往直前，之后我们回首走过的道路，会发现走过的路原来如此平坦。”这句话给了当时的侯焕昌莫大的鼓励，以致年逾五十的他仍能复述这句充满哲理的朴实语句。事实上，后来他所走过的道路也有艰辛坎坷，而他却开玩笑地说自己是一帆风顺，他的经历已化作这句哲理的最佳例证。

侯焕昌毕业实习留影

侯焕昌与同学在湖边嬉戏

侯焕昌衷心感谢刘正义教授，当时刘老师指导了他的毕业论文，极为勤恳亲切，刘老师的人格魅力让他极为钦佩。他回忆道，刘老师在1981年全国科学大会上获得了二等奖的殊荣，然而却初心依旧，节俭朴素，1983 年他去拜访刘老师时，见他家中仍用着9 寸的黑白电视。这样的教授风范让他肃然起敬，暗自下定决心要向他学习。

岁月如歌，青春激昂，华园的生活也充满欢乐。彼时的侯焕昌热爱足球，在滂沱大雨的球场追逐、挥洒汗水，是他最难忘的青春时光，说到这里，他的脸上似乎浮现出青年时的恣意与欢笑。

创业　无惧勇立潮头

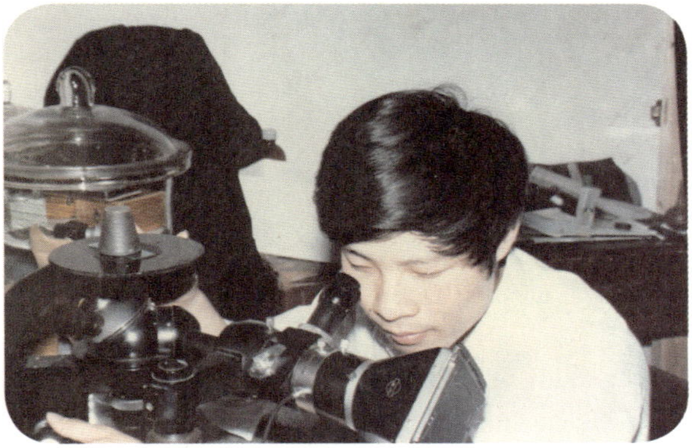

侯焕昌在广州石化厂的实验室工作

毕业后，侯焕昌被分配到广州石化厂机械动力处检验科从事检验工作。但是，由于广州石化厂人才聚集，且从事的工作并不能发挥自己的专业所长，侯焕昌开始焦虑了。

偶然的机会，受朋友邀约，侯焕昌接触到了印刷行业，并且很快就因为良好的表现开始进行印刷工厂管理。他面前有了两条完全不一样的道路：是继续留在石化厂保留自己的 “铁饭碗”，还是进入印刷行业，开创自己的新天地？起初，侯焕昌很纠结自己的选择，因为当时的石化厂还没有技术干部辞职的先例，但是在受到朋友的三次邀请之后，他选择勇立潮头，下定决心进入印刷行业的广阔天地。“当时确实也没想着赚钱，只是想自己去干一些事业。”

1993 年，侯焕昌成立了广州市恒远彩印有限公司，迈出自己事业的第一步。他坦言，公司刚刚创立的时候，心里也非常害怕，不过，经过一些年的努力，储备了足够的知识，也拥有了足够的能力，“拿剑不怕赤手空拳”，对于公司的发展，侯焕昌越来越自信。

面对客户日益增长的需求，侯焕昌决定以设备更新作为质量升级的基础。在仔细考察了市场后，他大胆投资，一举成为2000 年广州市第一个

“吃螃蟹”的民营企业，连续数年斥巨资1亿元，投资印刷设备：印前引进了与海德堡全电脑CP2000印刷机最为匹配的CTP计算机直接制版机2台、海德堡全电脑CP2000四色胶印机8台、海德堡全电脑CP2000五色胶印机2台，完善了折页、装订等后加工设备，实现了全程自动化，大大增强了实力，有力地促进了印刷产品结构调整、上档次，印刷优势明显优于同行。

在侯焕昌的领导下，恒远二十四年的成长中，从10多个员工、200平方米厂房、使用二手设备，发展到如今近千名员工、5万平方米的厂房、4亿多元人民币的销售收入规模，成为行业标杆企业。

观点　创新印刷行业

当提及印刷行业时，侯焕昌永远保持着自豪。他说道，印刷行业是令人尊敬的行业，他也从来没有后悔过进入这个行业。印刷是文明之母，正是由于印刷的出现，才使得人类的文明得以推广与传承，他特地向我们举了商务印书馆的例子。商务印书馆是中国现当代出版业中历史最悠久的出版机构，1897年创

侯焕昌（左二）与协助建造节能厂房的德国专家合影

办于上海，与北京大学同时被誉为“中国近代文化的双子星”，商务印书馆具有推动、激励、塑造、牵引中国现代文化发展的历史文化功能。

侯焕昌对于印刷行业的发展现状也有自己的看法。他认为，印刷业是有发展前景的，但需要有新思维、新构想。有一个问题不可忽视，那就是目前我们总体感觉中国的印刷行业还是不强势，这与印刷在人们心目中是传统行业有关。他非常希望印刷同行以及所有相关行业一起来推动中国印刷行业及相关产业的发展，化被动为主动，引领消费群体，加大高新技术在这些看似传统行业中的应用，把印刷做成科技含量高的产业。

侯焕昌（右四）与广东省新闻出版局和广东省印刷协会负责人合影

侯焕昌以实际行动带头追求创新，身为华工人的他首先想到了母校华南理工大学。恒远彩印与华南理工大学常年开展技术交流，从2001年起，公司作为华南理工大学等院校的实习基地，受到学生和教师广泛称赞，取得了显著社会效益。侯焕昌为了提升员工素质，把企业打造成学习型组织，积极支持员工培训，给予人、财、物支持，鼓励管理人员学习MBA课程，技术人员岗位练兵，学以致用，同时关注培训效果，倡导“先造就人，再造就产品”，员工质量意识、安全意识、协作意识有了很大提高，收效明显。

寄语　勇敢历练成长

侯焕昌向我们表示，他的人生画卷中永远不能缺少华园这一浓墨重彩的一笔，正是华园勤奋务实的氛围，让他在创业的道路上保持勤勉，保持踏实，用一腔热血发展实业。他希望母校的学弟学妹们，能够心怀理想、心怀抱负，勇敢历练，成长为社会栋梁。

不知不觉，到了与侯焕昌分别的时候。看着精致秀丽的园区，看着繁忙工作的员工，看着蒸蒸日上的恒远彩印，敬佩之情油然而生。心胸开阔、宽厚仁爱、睿智从容的侯焕昌校友给我们留下了深刻印象，祝愿他能够越走越自信，成为永远的 “常胜将军”。

侯焕昌（中）与学生记者分享创业经历

致知格物　诚意正心

——访广东宏达建设控股集团主席黄沃校友

■ 张馨予

《《黄　沃 HUANG WO

［人物名片］

黄沃，1986年毕业于华南工学院（现华南理工大学）建工系工业与民用建筑专业，现任广东宏达建投控股集团、广州宏达工程顾问集团、宏达智慧建设科技集团董事长。国际咨询工程师联合会全球首批认证工程师、广东省茂名市政协常委、第五届中国工程咨询协会副会长、广咨工程项目管理委员会主任、广东省绿色建材与工程委员会主任、广东省地产商会副会长、广东省投资发展促进会副会长等；获首届菲迪克中国优秀青年咨询工程师、菲迪克百年杰出咨询工程师提名奖、“菲迪克百年重大建筑项目杰出奖”“广州创业三十年功勋企业家”等荣誉称号。

与黄沃校友的访谈是在广东宏达建投控股集团的总部大厦进行的。初次见面，黄沃和蔼亲切、平易近人的笑容以及卓越不凡的谈吐就给笔者留下了深刻的印象。而随着交谈的深入，更是为黄沃校友言语间流露出的真挚感情而动容。作为一位成功的企业家校友，他心念母校，情意绵长；作为一位优秀的企业家，他思想独到，敢想敢为。若是用一句话来形容他的话，那就是“致知格物，诚意正心”——这也正是黄沃校友用自己的实际行动不断践行的人生座右铭。

黄沃（右一）与学生记者交谈

同学少年　忆往昔峥嵘岁月

黄沃 1986 年毕业于华南工学院建工系工业与民用建筑专业。说起和这一专业的结缘过程，他说，与其说这是一个过程，倒不如称之为“一个与缘分紧密相关的故事”。黄沃幼年在并不发达的城镇长大，对外面的世界不甚了解，上大学之前来过广州两次，通过对高楼大厦的观察，建立起了建筑初印象。后来，家里要盖房子，请来镇上一位泥瓦匠师傅，房子怎么砌、木头如何搭、受力怎样才合理等诸多问题，皆是师傅一人包办。泥瓦匠深厚的力学经验，给当时的黄沃留下了深刻印象，也使他对土木工程产生了兴趣。后来，填报高考志愿时，经过多重考虑，他最终填报了华南工学院建工系，算是机缘巧合了。

在华工的四年，对黄沃来说，是不断学习、不断成长的四年。那时的他，空闲时间常常会选择去图书馆自习，不断充实与提升自己。“就是现在，我还是总觉得自己还有很多东西要学，还有很多书要看。”除了自学外，他也会积极向老师请教，及时进行反馈与沟通。“老师们都很好，是最权威的老师，他们对于专业学习的态度以及思想认知的深度都对我很有帮助。”他说。

快乐的回忆，不仅仅体现在知识收获上的富足，还有精神上的幸福愉悦之感。在黄沃求学的年代，物质生活较为贫乏，但生活仍可以丰富多彩。“心简单了，快乐自然也就变得简单。”在谈话中，黄沃笑着回忆道，自己每天最开心的时刻，便是自习完回到宿舍，熄灯前与舍友的闲聊时光，大家或坐或卧，无话不说，无事不谈，十分快活自在。

青年时期的黄沃（中）热爱音乐

黄沃对文体活动也有着极为浓厚的兴趣。值得一提的是，黄沃曾是系羽毛球队的主力队员，挥拍英姿至今仍然被同学们津津乐道。

回首这段时光，黄沃的眼里写满了幸福。忆往昔，峥嵘岁月稠。黄沃不由感慨，华工让他成长，教给他很多东西，这里特有的活跃而自由的学术氛围锻炼了他的自主能力，也使他养成了自发学习的优良习惯，获益颇多。

“很难忘。”黄沃表示，“这四年，是我人生中最重要的一段时光。”在他看来，华南理工大学是广州最好的地方，在这里的四年时光对自己后来的发展影响很大。

筚路蓝缕　九万里风鹏正举

1993 年，广州宏达工程顾问有限公司成立，黄沃踏上创业之路。黄沃坦言，自己一开始就遭遇了诸多“不适应”：员工短缺、客户流失、发不出工资等等，这些事都是当初的自己一一经历的。所幸，通过公司全员不懈的努力以及对市场的正确判断，公司渐渐步入正轨。二十多年风雨兼程，梅花香自苦寒来，宏达从专业工程顾问公司发展壮大成以建设行业业务为重点的集团企业，许多响当当的大型项目都有宏达的身影，包括珠海横琴新区、天津于家堡金融区等国家级新区的开发等，成为行业内的佼佼者。

2013 年，由宏达提供全过程项目管理服务的亚洲最大科技馆广东科学

1997 年，宏达公司获客户（全球第一大糖果商华纳公司）嘉奖

2013 年黄沃在巴塞罗那 FIDIC 百年年会上
接受“FIDIC 重大建筑项目杰出奖”奖杯

中心，与悉尼歌剧院、胡佛大坝等全球八个伟大工程一同问鼎国际工程最高奖——国际咨询工程师联合会（FIDIC）重大建筑项目杰出奖，这是 FIDIC 成立一百年来第一次举办全球范围的评奖活动，被誉为“工程界的诺贝尔奖”。宏达品牌由此走出中国，走向世界。现在宏达的业务也辐射到了周边一些热点地区，如老挝、马来西亚、印度等地。“这当然离不开我们自身的努力与正确的企业管理策略。”黄沃介绍说，“我们的企业有国有企业的影子和民营企业的方法，取二者之长，同时，我们还格外注意员工的细节行为培养，比如，纸一般都用两面（笑）。好的人才管理模式对企业是有推动作用的，会用人，用好人，充分发挥每个人的特点，能不加班就不加班，确保工作时的高效率。有一个词叫可持续发展，做企业，培养人才，也要学会可持续发展。”谈到筚路蓝缕的创业之路积累的经验时，黄沃笑着表示：“还有极为重要的一点，就是要建立一个正确的体系。对一个企业来说，建立优秀的管理体系很必要，后续对体系的管理完善也不能忘。如何培养出一个有好的模式的团队，这是关键点。”论及未来的发展方向，黄沃谦虚的言语间更是透露出了满满自信。

知行合一　清雄超妙气凌云

黄沃不仅是一位有规划、有社会责任感的优秀企业家，还是一位有思想的睿智哲学家。在交流企业管理策略时，黄沃不断强调，自己非常注重员工的行为管理，且要落实到每一个细节上，用明代思想家王守仁的理论来解释，就是“知行合一”。对于“道”，不仅要认识理解，要“知”，还要去实践，去

"行"动。只有把"知"和"行"结合起来，才能达到自我认识与管理的完美统一。而黄沃本人也用自己的实际行动诠释了这一观点。

在黄沃看来，商业利益与商业道德必须同修，缺一不可。在做企业之前，要先学会如何做好一个人。他认为，在成功企业的理念中，不可或缺的一项就是学会分享与奉献，回报与感恩。"默默地为社会付出，回报社会，这是我们企业家应该做的。"善尽社会责任，在黄沃的眼中，是情怀，更是本分。

"要做一个真正有价值的人。"他说，"价值有很多方面，财富价值有了，还有社会价值，精神价值也要有。"黄沃自始至终鼓励员工一起学习，共同成长，让大家感受到这是一个学习型企业，不管员工今后在不在宏达，都能保持学习的态度。有了这样的精神，这样的态度，员工将终身受用。言语间，尽显豁达气概与光风霁月的胸怀。

2017年9月，黄沃荣获"广州创业三十年功勋企业家"称号，宏达被评为"广州品牌百强企业"。

黄沃荣获"广州创业三十年功勋企业家"称号

感念母校　情真意切寄学子

2016年6月份，黄沃被华工土木与交通学院聘任为客座教授。谈及此事，他表示，作为一位企业家校友，这是很大的荣誉。首先，这代表了母校对自己的认可与激励；同时，也是一种鞭策与压力，自己将会继续提升自我，在行业、专业内积累更多知识。他还幽默地表示，在成为客座教授后，自己也有更多的机会为学校、学院提供帮助。他对学弟学妹们也抱有极大的期望与美好的期许，并鼓励道："综合能力很重要，未来需要你们去拼搏。"

不过，在黄沃看来，进行社会实践、培养综合能力不能盲目，更不能因此缺失对专业能力、本职工作的重视，"捡了芝麻丢了西瓜"，专业知识本身就十分有深度，如果投入太多时间给了兼职等业余工作，不可避免地对专业学习造成影响。作为学生，首要的是先把专业知识学好，大家必须时刻保持清醒的自我认知，切不可判断失误、因小失大。

"大学四年是美好而充实的，是用来积攒能量，储存知识，贮备激情的四年。"黄沃认为，"厚积薄发，这样带来的正能量会更大。"他表示，学生可以在搞好学习后，适当地进行社会实践，培养自己的沟通能力，同时提高自己的情商，但此类活动不宜过多。"不要本末倒置"他善意地提醒道。

"华工是很好的大学，大家要学会善用大学时光，做一个肚里有货、品格好的综合型人才。"感念母校，怀着对各位学子的殷切期望与美好祝愿，黄沃校友深情寄语。

黄沃（右一）受聘为华南理工大学土木与交通学院客座教授

专注为马　兴趣为鞭

——访佛山市凌宇投资公司董事长冯云校友

■　唐远华

《《冯　云FENG YUN

［人物名片］

冯云，1984 年入读华南工学院（现华南理工大学）轻化工程学院化纤专业，1998 年硕士入读华南理工大学工商管理学院 MBA。创办佛山凌宇进出口公司、凌宇房地产经营管理公司、凌宇书屋、《生活无限》杂志等企业，投资新丰云天海原始森林温泉度假村。现任华南理工大学佛山校友会常务副会长兼秘书长、华南理工大学高尔夫俱乐部副会长兼秘书长；中国高校校友“翰林盃”高尔夫精英赛组委会秘书长。

七月的佛山，气候炎热。经过一个多小时的地铁和导航步行，我们找到了这家位于禅城区汾江中路的凌宇书屋。推开书屋的门，迎面而来的是冷气的惬意与书屋独有的安静。一道玻璃门隔出了一方小天地，从生活杂志到经典著作，再到当下畅销书籍，在书架上被摆放得别有风格。依墙而放着的，是一台黑色钢琴，在灯光的投射下，与旁边的金色插花相互衬托，流露着满满的温馨。这里栖息着十八年的光阴，小巧而富有情趣，这间书屋的创办者想必十分热爱生活。热情的店员向我们介绍说书屋每个月都会定期举办不同主题的读书会或分享沙龙，让大家谈谈好书，分享经验。带着满腹的好奇，我们来到了位于生活无限大厦八楼的董事长办公室，在这里见到了凌宇书屋的创办者——冯云校友。

初遇华园　成长转折

大学时期的冯云

1984年，冯云选择来到华南工学院（现华南理工大学）就读轻化工程学院的化纤专业。他坦言自己当时是希望到北京念书的，但是父母担心毕业之后工作会分配在北京，离家太远，冯云尊重父母的意见，便留在了广东，进入理工科专业拔尖的华南工学院。选专业的时候，受当时社会注重技术的大环境影响，父母也否定了他想读工商管理的意愿。恰好当时佛山有一间大型的化纤公司被投资了10多个亿，于是机缘巧合之下就选择了化纤专业。

尽管对化纤专业不是十分热爱，但在刚刚进入大学这一年里冯云仍然专注于学习，大一结束时还获得了三好学生称号。大二开始时，已经熟悉大学生活的冯云渐渐把更多的精力分到了社团活动中。1985年，也就是进入大学的第二年，冯云创办了集邮协会，并就任第一任集邮协会会长。1987年，冯云把学校的30多个学生社团组织起来成立了社团联合会，成为首任社联主席。社联成立并经过一段时间的发展后，在他和大家的努力下，逐渐成了与学生会并列的学生组织，学校给予两个社团同等的活动经费，两个社团的主席在学校团委也担任着相同的职位。

冯云说，自己原来的性格其实是很内向的，很少说话。大二集邮协会成立的时候，冯云作为第一任会长上台致辞。站在台上，手里拿着一张发言稿，几十秒过去，他都说不出一个字，一直在发抖，以至于现在看到当时拍的那张照片，他仿佛还能看出当时自己全身都在颤抖。因为那一次的表现，冯云纠结了整整两个星期，想不通自己为什么会这样，并不断寻找改变自己的方法。改造的过程很痛苦，但他坚持了下来，使自己日后面对大小场合，都能够自信地发言了。

冯云说，那是自己人生的一个转折点。

大学时期的冯云爱好广泛，喜欢集邮，也喜欢摄影，大学二年级他就买了第一台单反相机海鸥 DF1，再配上两个韩国比较低档的镜头，一共是1200元。但是当时每个月的生活费只有40元，为了攒钱买相机，冯云决定骑自行车往返于学校和家里。冯云两个星期回一趟家，路程是38公里，坐火车来回的费用是两块多一点，但是为了省下这两块多钱，他选择了骑车。冯云还清楚地记得，骑这38公里需要2个小时45分钟。每一次都是38公里的磨炼，但是买相机的信念让他一直坚持了下来。

大二暑假，冯云组织了自行车旅行团，骑车去粤北山区，采访那里的工农兵大学生。当时没有高速公路，自行车都是26寸的普通单车，远远不如现在的变速车，大家就骑着自行车这么走。行程一共是1000多公里，骑得快的时候一天能走110公里。上山的时候要把单车推上去，上一座山要花去4个半小时。冯云打趣地说，下来半个小时都不用，刹车都没了。

冯云时常活跃于社团活动中，带领社团一点一点地进步，同时社团经历也让他得到提升。自身的兴趣爱好和社会实践经历都在影响着冯云的发展方向，后来除了经营外贸以外，冯云创办的凌宇书屋和《生活无限》杂志都与自己的业余爱好和大学经历有关。

冯云（右二）参加1987年学生艺术展

再逢华园　梦的继续

1988年冯云从华南理工大学毕业，经过四年的经历与认识，冯云觉得自己

冯云在华南理工大学粤港澳大湾区校友会大联盟成立新闻发布会上讲话

更适合市场营销工作，所以他没有留在本专业从事技术工作，而是选择了佛山外经贸委从事外贸工作，这一干就是十二年。从业务员到部门经理，到科长，最后成为集团的副董事长，在这期间冯云获得“佛山市先进工作者”称号，并在31岁那年担任了副书记，成为整个外经贸系统最年轻的副处级干部。

1997年，冯云再次考入了华南理工大学，就读MBA。但是这次回来学习与大学时期的听课有所不同，有着丰富从业经历的他学会了带着问题去思考。经过三年的在职学习，2000年冯云MBA硕士毕业。也是在这一年，他创办了凌宇公司，与自己原来的工作相似，也是经营外贸。同年七月，凌宇书屋也成立起来了。凌宇书屋以它独有的文艺范和追求生活的内在气质成为佛山市一道靓丽的风景。转眼已经十八年过去了，冯云创办了包括佛山凌宇进出口公司、凌宇房地产经营管理公司、凌宇书屋、《生活无限》杂志等企业，拓展到外贸、房地产、图书、广告传媒等领域。

相伴华园　低调奉献

冯云不只是企业的董事长，还是华工佛山校友会常务副会长兼秘书长、华工高尔夫俱乐部副会长兼秘书长、“翰林盃”高尔夫精英赛发起人兼秘书长。冯云调侃道，自己很多时候都是秘书长，其实就是干活的。确实，从他组织和参加的活动就可以看出他在这些组织中的活跃和对活动的用心。在佛山校友会的迎新晚会及节日活动中，几乎没有冯云缺席的时候，或组织，或主持，或参与，他一直致力于华工校友服务工作。

2010年，由华南理工大学、中山大学、暨南大学三个学校发起中国高校校友“翰林盃”高尔夫精英赛，冯云作为发起人之一，同时也担任着组委会秘书长，“翰林盃”成立初期的出发点是广东高校高尔夫球队之间的联谊，为校友们提供交流联谊的平台，后来澳门、香港、台湾的校友也加入进来，慢慢地成了中国两岸三地高校校友的高尔夫交流赛事。“我把‘翰林盃’看成是自己的孩子，尽心培养它长大，所以我个人对‘翰林盃’的感情是不舍不分不离的。”冯云在第七届“翰林盃”寄语时如是说。

冯云在佛山校友会迎新晚会上讲话

从校友会工作的奉献到高尔夫体育赛事的活跃，这与三十多年前活跃于社团组织，追求自身兴趣的经历实在相似。我们问起，是什么让他改变了内向的性格，冯云毫不犹豫地答道，就是大学经历。大学时期的机遇转折、兴趣爱好、社团经历都让他更加坚定了自己的发展方向，同时也为他后来的工作和创业做了铺垫。所以现在他以华工校友的身份投入校友会的建设和学校的发展工作中，为母校的壮大不断奉献着。

从经历到感悟

冯云说，现在很多应届毕业生都“坐不稳”，缺乏专注，其实专注的前提是要把握好机会，做决定的时候要选择适合自己的东西。他坦言道，大学时期学习的化纤专业在自己这么多年的发展中几乎没有派上用场，如果当时要是选择工商管理专业，应该是会比现在要发展得更好。冯云说，实际上每个人想的跟实际做的可能不同，比如兴趣爱好和行业，当你了解以后，你才懂得，才能找到适合自己的东西。

有了前车之鉴，冯云在儿子高中毕业时就开始让他去实习，从宾馆客房部、礼宾部、前台，到房地产公司，再到金意陶陶瓷的国际贸易部，这些经历都让他尽早地了解社会。冯云对儿子的教育有着自己的方法，他以儿子的成长为例，从小学一直谈到研究生毕业参加工作，提醒我们人生必须要规划，要去体验，要有前瞻性，这样以后的路子会更好一点。

冯云还谈到运动的重要性，他认为人生不同的阶段，要培养至少一种自己喜欢的运动。人必须要有锻炼，如果除了吃就是睡那肯定是不行的，要学会控制自己。而控制是需要意志力和时间的，但是如果把运动变成兴趣就不同了，兴趣会推动着自己去锻炼。

现在我们看到的冯云，乐观豁达、自信风趣，正如他所说的，人还是要阳光乐观一点，很多时候也会碰到不顺，所以正能量一点会更好。冯云给员工的印象是思维敏捷、口才一流，从他的一言一行中，我们既看到他对自己的高要求和自制力，也感受到他的乐观风趣。在他身上，仍保持着年少打拼时的勃勃生机。

结语

从三十二年前的转折点到今天，冯云从一名站在台上说不出话的学生成长为多家公司的当家人，这个过程中有机遇的作用，但更少不了的是个人的准备。多年经历的沉淀，让现在的冯云对很多事情都有自己的想法和观点，这是比金钱更宝贵的人生经验。

冯云校友的分享让我们相信，在努力的前提下，更好的未来在等着我们，让我们知道我们不只是一代人在战斗。

冯云（右三）与华工学生记者团合影

沉心陶瓷帝国　专注寻梦之旅

——访罗曼缔克公司董事长刘胜红校友

■　季思岑

《《《 **刘胜红** LIU SHENGHONG

［人物名片］

刘胜红，1965 年出生于湖南华容县，1988 年毕业于华南理工大学工商管理专业，获 MBA 硕士学位。现任河源罗曼缔克实业有限公司、湛江中宏陶瓷有限公司董事长，广东省建筑装饰材料协会党委副书记兼副会长。佛山优秀民营企业家。

七月的佛山，还拂着几缕清风，树影摩挲的丰宁艺术区，色彩缤纷的艺术壁画、涂鸦，无不洋溢着现代化的气息。走进罗曼缔克企业的大楼，简约的白金色大厅，典雅大方，在这里我们将要拜访罗曼缔克实业有限公司董事长——刘胜红校友。“我在办公室等你们。”还细心地附上定位，刘胜红校友的热忱与周到让我们放下了紧张。初次相见，刘胜红校友笑脸相迎，招呼我们入座喝水，这位白手起家、热心于慈善的企业家向我们讲述他的峥嵘岁月。

童年磨砺　担当坚毅

刘胜红出生于湖南华容县的一个普通农村家庭，湘北寒气逼人的隆冬迎接了他的降生，兄弟四人，他排行第三。在年少那段靠工分过日子的岁月里，农家孩子太阳一爬起来就要在水田里插秧，天黑了还要趁着气温稍降在月光下赶插。一天下来常常满身泥水，连端饭碗的力气也没有，常常双手双脚发烂，颈项背部脱皮，使母亲心痛得忍不住落泪。

“咬咬牙就挺过来了，也习惯了。”刘胜红心里明白，自己出工就可以让全家轻松一些，后来大学的长假里，他也甘心回家参加 “双抢”、水利冬修、防汛防洪。

高中的寒假他偷偷邀上堂兄到县城东街帮助搬运，挣到了工钱和有价证券，不过，手上、肩上的血泡也深深烙印下来。早早懂事为家庭分担并不影响刘胜红学习的优秀，初高中时当上了数学、化学双科课代表和学习委员，大大小小的奖状贴满了他家堂屋的墙上。

后来，在企业的发展过程中，刘胜红遇到的困难更多更大。但他都咬牙坚持了下来！正是童年的经历造就了刘胜红坚忍不拔的性格特点。

筑梦华园　初显身手

1984 年 8 月 27 日，东方尚未翻鱼肚白。周边家家户户憋了一夜的公鸡拖着长长的高音，此起彼伏。房前屋后的杨树、柳树、桑树、樟树，随着二三级南风向北翻翻叶子，翻出一片片浅绿或灰白……

太阳跳出地平线时，刘胜红也跳上了开往广州的火车。短裤后的口袋里是母亲连夜缝进的 150 元学费。广州市天河区五山街道，华南理工大学——刘胜红终于找到了人生的加油站！时间过得说快也快，说慢也慢。第二个学期 5 月份刘胜红又做了一个大胆的决定，他看准了学校团委的商场。

刘胜红（中）参加央视访谈

中午一小时，晚上一小时，进货，销货，守仓，刘胜红一次也未缺席，一次也未失误，三个月后他坐上了副经理兼仓库保管员的“宝座”。工薪35元+守仓补助25元=月报酬60元，这是刺激刘胜红的一个等式。从外文书店进贺年卡，每张净利润五角又让他看到了无限商机，于是他带领团队去暨大、中大、华师、华农等院校摆地摊，人聚集的地方每次可集体赚取2000元左右。刘胜红慢慢制造并见证着勤工俭学的洼地效应。

放寒假回家，面对父亲小声询问还要多少学费时，他底气十足地回答，一分钱也不需要了，还将当年父母辛苦凑齐的150元学费如数交给了父亲。面对惊讶的父亲，刘胜红一一道出了勤工俭学和助学对象的事，而面对眼睛湿润心疼不已的母亲，他对如何缩衣节食的酸楚却只字未提。

“说实话，那段练摊更是练脑的生活真是受益匪浅！”如今的刘胜红回忆起大学那段时光，感慨而又感恩。

主动实习　全新感悟

大学的时间过得很快，转眼就到了实习的日子。刘胜红并没有选择跟随大潮由学校安排，而是自己联系了深圳福田一家电子厂。

这家电子厂以组装录音机、收音机为主，二极管三极管遍地可见，工人领用起来就像从自家菜园扯白菜萝卜，想丢就丢，帮助管理财务的刘胜红将这种浪费看在眼里，从小经济拮据的他替老板心疼。于是他立马向老板提出了建议：建制度，严考核；装多少，领多少。老板感激地采纳了刘胜红的建议，一个月下来，这个厂竟节约了28.5万元！

刘胜红获得奖金4000港币，这只是源自一个大学生朴素的情怀与责任感使然，而让他再次彻夜难眠的是对真正办厂、迈入社会更深层的思考，做一名合格的老板，意想不到的苦头、艰辛永远在前头等着。

实习的经历带给了刘胜红对行业真正的深入思考。

正式入职　苦乐随行

1988年，刚毕业的刘胜红带着大学生的满腔热血，来到了佛山市陶瓷工贸集团公司，他所在的部门是日用陶瓷二厂办公室。

对于这家上了年纪的国企刘胜红多少有些失望，厂房破破烂烂，与习惯的校园生活落差实在太大。抱着既来之则安之的心态，刘胜红给自己念了“四个一”的紧箍咒——干一行，爱一行，成一行，精一行。

每天下车间，积极与工人交流，学当地的“土话”，刘胜红将自己迅速融入工作环境。积累见识、积累情感、积累实操经验，四年后他坐上了办公室第一把交椅，成为一名正式的正科级干部。然而风云变幻的市场总让人措手不及。

1996 年的东南亚经济危机，刘胜红所在的工厂大受冲击，效益下滑得令人心疼，这时他却主动向厂长提出搞销售，厂长好言相劝这位“文官”大学生，别去自讨苦吃。开弓岂有回头箭？刘胜红语出惊人：“我从业务员做起，不做到前三名，就主动辞职！”面对豪言壮志，厂长答应了他。刘胜红立即返回老家，负责湖南的市场。

有志者事竟成，半年后的刘胜红将销售额做到了全厂榜首，没过多久又成为了大区经理的刘胜红，分管湖南、广西、海南与东北三省的销售业务。接下来，又带着两名未完成定额任务的销售员走南闯北，再次圆满交票，在大区排名第一。在当时厂子保守的观念下，刘胜红还大胆建议研发出了一种新产品——水晶瓷片，又以新产品访老客户，销售额顺增五成。

工厂的形势终于有所好转，刘胜红像旋转不停的陀螺，勤奋飞驰，内心深处那根弦总是难以松弛下来。

危难之际　突破创新

命运总喜欢跟人开些不大不小的玩笑。集团公司实行兼并重组的 1997 年，刘胜红婉言拒绝了老同事一起去民营公司闯一闯的邀请，他并不甘心离开国有企业，危难之际受命为分管销售的副总经理，此时企业正江河日下，下岗职工日益增多，上访不断，政府与企业都头疼不已。

时年 35 岁的刘胜红，痛下决心——承包经营二厂。这只山芋多么烫手刘胜红未尝不清楚，300 多名工人的嘴连起来该是多长一条豁口，填饱肚子已是一个难题，再加上每年 320 万元的租金，不少亲朋好友都劝说刘胜红别吃这只“毒螃蟹”，刘胜红也只是心领。

老工人是熟练工也是负担，无定型产品，设备落后资金短缺……数不清的难题掺杂在刘胜红的脑中不停地旋转重复，像蚌壳中不停磨合的石子。

巧妇难为无米之炊，那就借船出海！找经销商出预付款，100 万元可拉 120 万元的货。如不要货，就还本付息。筹资目标1000 万元。数据简单，兑现起来谈何容易！

设备改造与降低能耗是企业的核心项目。这家厂子的喷雾塔，原来烧的是重油，他们改烧水煤浆，每月降成本 80 万元。新产品即为 300 × 300 个性化产品，平安加模具，表面有浮雕感花纹，立体感强，防滑，图案和颜色各异……这些元素共同支撑着一个品牌一个企业的健康成长。

果然，三个多月后，企业转活了。营业额一个月 1000 万元，工资准时足额发放，原材料准时结账付款，企业利润迅速回升！“天无绝人之路，我们终于尝到了改革与创新的味道！”刘胜红与工友们异口同声，心潮难平。

目前，罗曼缔克公司拥有国家专利 20 多项，获得了欧盟 CE，IS09001，IS014001 等国际认证。

刘胜红在公司年会上讲话

公益之心　力所能及

——为家乡华容县毛家村修路，捐 15 万元。

——为毛家村 65～69 岁的老人每人发 500 元，为 70 岁以上的老人每人发1000元，为五保户每人发2000元，一年达10万元。

——为佛山市三水区大塘镇连续5年捐奖学金助教款累计100万元。

——为华容刘大夏文化园建设，捐138万元。

——为华南理工大学建设，捐400万元瓷砖。

力所能及，能帮助就帮助，经历过苦难岁月的刘胜红热心地献出自己力所能及的力量给需要的人。1989年就高举右拳在党旗下宣誓的刘胜红，一直牢记父老乡亲“多做好人”的叮嘱。

刘胜红曾看到一篇有关华师经济困难女大学生的报道，随后便根据联系方式找到了这位学生资助她完成学业。除此之外，刘胜红不仅在老家的学校设立奖学金，每年定期捐款，还在家族中建立奖助体系，以鼓励家族的少年一辈努力学习。追根溯源，正是成长过程中父母的善良正直深深影响着刘胜红。不管公司如何发展壮大，他始终没有忘记回馈社会。

“世界陶瓷看中国，中国陶瓷看佛山，佛山陶瓷看石湾，石湾陶瓷看东风路15号罗曼缔克瓷砖。”业内流传着这段佳话。瓷砖行业要站稳脚跟并非易事，而刘胜红和他的团队便创造了这段最美丽的佳话！他们总是坚持用无比心爱的瓷砖，一片一片仔细铺垫着前行的路。

太阳照在“罗曼缔克”大楼闪光的瓷砖上，熠熠生辉，正如送别我们访谈离开的刘胜红师兄一行人明亮的眼神。他们永远保持着飞驰的姿态，踏实而坚定地迈向新时代的征程！

刘胜红（右三）参加慈善论坛

立志勤学　诚信做事

——访东莞市石龙富华电子有限公司（UE Electronic）董事长黄子田校友

■ 谭燕怡

《《《 黄子田 HUANG ZITIAN

［人物名片］

黄子田，1988 年毕业于华南理工大学自动化系工电 86 大专班，毕业后进入政府事业单位工作。1989 年创立了东莞市石龙富华电子厂（UE Electronic），公司主营电源解决方案、LED 集中供电、无线输电、直流输电系统业务，产品远销东南亚、欧洲、美国和日本等市场。现任东莞市石龙富华电子有限公司（UE Electronic）董事长。

在一个晴朗的上午，我们一行人乘车来到了东莞市石龙富华电子有限公司，相约采访黄子田校友。进入公司，首先看见的就是电子屏上滚动的“Welcome to UE Electronic”。意想不到的热情欢迎让我们感到非常兴奋，纷纷与欢迎语合影留念。

所谓物似主人，可想黄子田校友是一位热情好客的人，我们放下了采访前的紧张感。黄子田校友比我们想象中更为热情，更为友善，处处体现出对后辈的照顾。参观完公司后，黄子田早已为我们准备好茶水。茶香氤氲间，我们开始了交谈。而他的人生故事，犹如一本吸引人的厚重书本向我们缓缓打开。

成绩斐然　保送华园

黄子田是石碣人，从小在家乡长大。由于成绩优异，读完高中后，便由政府出资保送至华南理工大学，就读于自动化系工电 86 大专班。当被问起选择这个专业的理由时，黄子田笑笑说："去之前也不知道是干嘛的，就知道大概是电子吧，等去到华工开始学，就大概清楚了。"那时的黄子田还不知道，自己已与电子结下了不解之缘，而华工就是他电子梦开始的地方。回忆起大学生活，黄子田对于大学生活的总体感觉就是特别。身边的老师同学来自五湖四海，和自己说着不同的方言，有着不同的生活习惯，这些新鲜的人和事，令黄子田感到非常特别。

谈到当年的老师，黄子田记忆犹新。他向我们一一介绍，班主任是苏来英老师，生活老师则是彭永新老师。为了确认班主任和生活老师的名字，他还特地打电话给大学班长，严谨作风可见一斑。就在前不久，他们一群老同学还约了老师去从化游玩，大家感情很好，班长也很热心，经常组织老同学一起出来活动，大家有钱出钱，有力出力，共同把活动办得有声有色。

在大学空闲时，黄子田喜欢去华工电影院看电影，周末还会去舞厅跳跳舞。他还打趣着说："那时我们班女生少嘛，班里男生经常往隔壁食科院看啊，哈哈。"

华工自动化 1988 届三十周年同学聚会合影

初下商海　敢为人先

1988 年从华工毕业后，黄子田进入了政府事业单位工作。一年后，在岳父的建议下，懂技术的他选择从政府事业单位辞职，与岳父合伙开办了富华电子厂，主营音频变压器和低频电源变压器。1993 年 UE 通过 TCL 客户认证，出货量已达到500 万台。在偶然的机会听了工商局局长的建议后，黄子田意识到品牌建设的重要性，于是在1995 年为公司注册商标，这在国人品牌意识尚还淡薄的年代实为先进。

针对商标的设计黄子田当时提出了两个要求：第一，要让客户看一眼商标便知 UE 的主营业务；第二，要让客户知道 UE 可承包制作的变压器种类多、范围广，看一眼商标便知这是一家电子厂。由要点出发，黄子田最后决定将变压器 U 型和 E 型拼凑在一起，底部加一个红色闪电图案，这样 LOGO 就出炉了。

至于商标图案的色彩搭配，其中包含了很多机缘巧合。当时黄子田的岳父喜欢抽烟，设计过程中桌面上刚好放着他爱抽的555 牌香烟，烟盒为金色，“当时他就在台面上拿着那个金色的烟纸比划，后来就决定用这个颜色了，而蓝色是随意配的底色”，黄子田向我们比了个抽烟的手势，笑笑。

而在闪电颜色的选择上，却是经过一番斟酌的。当时很多人都觉得 UE 的 LOGO 很土，加之当时外国人不太喜欢中国红。因此，很多人劝黄子田用其他颜色替换闪电的红色。但黄子田认为不应随便改变公司的 LOGO，而是要从根本入手——提高商品的质量，用质量好的产品赢得客户对产品的认可，用实力说话。由于黄子田的坚持，红色闪电图案保留至今，也更加坚定了他生产高质量产品的决心。

黄子田（前排中）在同学聚会上与老师合影

诚信经商　品质为王

在黄子田眼中，品牌推广是件大事。1999 年通过国际杂志推广，黄子田得到与意大利一个集团公司签约订单的机会。当意大利老板来到工厂，看到墙上大大的商标 UE 时，就告诉黄子田，这个 UE 和欧盟的 EU 很相像，自己觉得很亲切，很喜欢。黄子田由此得到启发，决定开始向欧洲开发市场，公司便经常去欧洲参加展览会。由于亲切感与产品质量过硬，UE 得到广泛好评。后来 UE 扩建新厂时，黄子田也在装修上为品牌推广费了一番心思。在新工厂里，UE 字样随处可见，力求加深客户对品牌的印象。经过不懈努力，UE 的品牌推广已经非常成功。

回望过去几十年的商海沉浮，UE 一路走来，正是因为黄子田坚持“诚信、品质”四字，在公司几次资金短缺、面临破产的关头，总有朋友、客户站出来给予帮助，银行批准贷款，助力渡过难关，这也才成就了今天的 UE。UE 立足欧洲二十多年后，很多欧洲客户都牢牢记住了 UE。黄子田对此深有感触——坚持诚信经营，要让客户对你有信心，不能做挂羊头卖狗肉的事情。“客户觉得你的产品好，重复购买率就高，这是一个沉淀信心的过程。”

立志勤学　志在千里

谈到公司顺利发展的关键因素，黄子田还给我们分享了 UE 的企业文化。UE 人一路秉持着诚信的企业精神，以成为“百年企业”的态度去工作。要为每一位客户提供增值服务，这是 UE 的服务理念；不仅要与客户协同，还要与员工协同，这是 UE 核心价值观中提到的“分享”精神。

黄子田工作照

创新，UE 核心价值观中的另一个关键词，恰恰反映了黄子田的人生态度——不断更新自己。尽管工作繁忙，但黄子田并没有因此中断对个人的提升。相反，他坚持学习与锻炼，不断地提升个人本领与境界。黄子田还是正和岛俱乐部终身会员，学习并恪守俱乐部的五戒六规，积极地与其他企业家进行互相学习与资源互动共享。数年内，他还多次前往清华大学、华南理工大学、中山大学深造，攻读了清华大学 MBA 工商管理硕士等学位。采访过程中，黄子田拿出当时的课程资料与我们分享，课程资料上的笔记密密麻麻，可见其认真刻苦的精神。

而 UE 的座右铭，也是黄子田本人的座右铭：立志、勤学、改过、责善（摘自王阳明《致良知》一书）。讲到自己的座右铭，黄子田颇有自己的一套见解。他认为人不勤学，是因为志不立，没有远大目标人就很难有动力去勤学。像马云说的，企业家的勤奋源于他肩上的压力。而改过，本着人谁无过的原则，就是自己做错了事要改过来，别人做错了事也要给别人机会改过来。责善，站在企业的角度最重要的一点就是，员工做错了事，老板要有教育的制度去帮助他们改正。

UE 公司 2018 年春节联欢晚会

不忘母校　深情寄语

2007 年，政府鼓励企业与高校进行产学研合作，黄子田第一时间想到了母校华工。在他的考虑中，不仅因为华工是自己的母校，还因为在广东研究电子的高校中，做得最深入、最优秀的当属华工的电力专业，因而他选择与华工合作。2007 年，UE 与华南理工大学成立合作研发中心，进入 LED 驱动电源领域，每年给予电力专业大量研究扶助资金。同时，UE 不断招聘华工硕士研究生、博士研究生，公司内的华工毕业生队伍不断壮大。公司现在对于无线输电的研究，有华工电力专业的很大贡献。黄子田特别提到，当今中国关于无线输电的书很少，而华工团队撰写的《无线电能传输原理》非常难得，并对其赞不绝口。展望未来，黄子田打算进一步加强与华工的合作，他初步设想是按年资助华工博士在读生，并鼓励他们毕业后参与 UE 相关课题研究。合作力度加大，可谓是多方受益，一举多得。

就行业选择和企业机制等方面，黄子田也热心地给华工创业团队提出了两点建议：第一，选择行业要慎重。假如选择的行业发展空间很窄很小，那风险就很大。在这个大互联网时代，像快递、“互联网 +”这些大行业，成功的概率相对而言就比较大。第二，这是一个讲求合作的时代。想要创业的大学生，最好找上同学一起合作经营。想清楚股份分配和分红体系，亦为关键一步。计划不能仅仅停留在创业第二三年，合作的机制要想得长远，比如未来十年想要做到什么程度。还有退出机制一定要找专业机构帮忙设定。因为学历再高，也只能代表某个知识面的成绩，落地经验仍然不够。假如一开始把所有的机制定下来，即使之后有人退出，由于有机制的保障，对组织不会产生大影响。

“期望师弟、师妹努力为祖国健康工作六十年。”采访结束后，黄子田在签名册上写下了对华工后辈的寄语，言语中赤诚一片。

黄子田（中）与学生记者合影

创新为经　无愧于心

——访信宜市四海泊奇树脂有限公司总经理

曹醒华校友

■　王泽君

《《 **曹醒华** CAO XINGHUA

［人物名片］

曹醒华，1968 年出生，广东茂名信宜人。1990 年毕业于华南理工大学化学工程专业。现任信宜市企业联合会理事、工商联（总商会）常委，信宜市第八至第十届政协委员。于 2002 年创办了信宜市四海泊奇树脂有限公司，任总经理。

从高楼大厦、平坦道路到山间平房、林间小道，沿途的风景让我们耳目一新、心旷神怡。路途行至过半时，天空中轻云飘浮，顽皮的闪电时隐时现，山前下起了淅淅沥沥的小雨，山中两三庖厨炊烟袅袅升起。似乎所有的景观都在诉说着访问地的淳朴与美好，让我们不禁对此次行程充满期待。当真正开始访问时，我们的心情愈加难以平静。无论是访问地也好，还是曹醒华校友也罢，都让我们深切地感受到不虚此行。

中等个子，国字脸，健康的小麦色皮肤，带着金属框眼镜，是我们对曹醒华校友的最初印象。但在与曹醒华校友交谈之初，一句简单的"师弟、师妹们好！"一路上的颠簸辛苦与忐忑紧张被他的热情一扫而光。随后，曹醒华校友向我们娓娓道来他的难忘经历，更让我们真切地感受到身为华工人的骄傲。

怀揣梦想　步入华园

曹醒华，1968 年出生于广东信宜的一个普通农民家庭，从小就对家乡有着深厚的情谊，以致他铺设的创业道路都与家乡有着密不可分的联系。出生于农村的曹醒华，从小就拥有吃苦耐劳、奋发向上的品质。在那个年代，跃出农门就只有读书和当兵两条道路。受父辈们的谆谆教导，曹醒华深知知识改变命运，他毅然决然地选择了读书。但在读书这条路上并不是一帆风顺的，那个时候受家庭情况的影响，读高中尤其的艰难，但他仍然咬牙坚持了下来。在高中毕业的时候，他的人生迎来了一个大转折——考上华南理工大学的化学工程专业。谈及为什么会选择这个专业，曹醒华答道：“考虑到当时家乡亟需这方面的人才，这个专业学起来对自己以后的发展也比较好。”

曹醒华还特意谈及当时学院一位对他影响深远的教授——钟理教授。钟教授不仅传授他们专业理论知识，还带领他们研究与实践，告诉他们理论与实践结合的重要性，这些都对曹醒华的创业有着很大的帮助。

对于母校华南理工大学，曹醒华印象最深刻的是当时非常流行的一段话：“中大伪君子，华工二流子，暨大假洋子，华农土包子，华师乖孩子。”乍一听，我们不明其深意。曹醒华便向我们细细解说这段话：这段话在向世人传达这样的意思——华工一向崇尚自由，讲究师生交流，自由探讨学术问题，不拘泥于一些束缚，重视理论与实践相结合，给予学生很多自由发挥的空间。这为华工的学子们营造了很好的学习氛围，曹醒华的成功也得益于此。

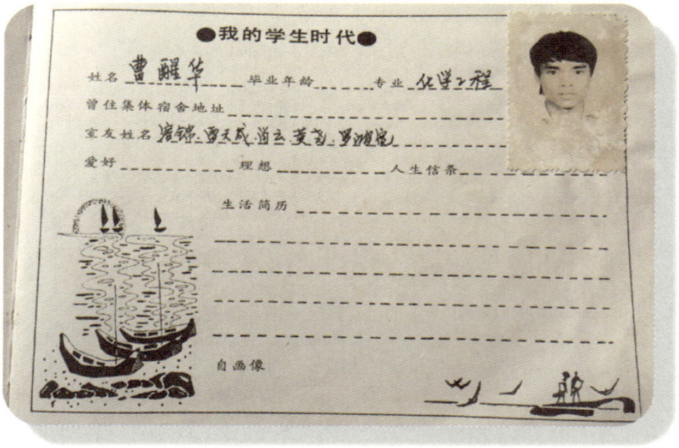

曹醒华的学生时代记录

除此之外，学校的百步梯、西湖鱼塘、食堂饭菜……都给他的大学生活增添了一笔浓厚的色彩。“那个时候，冬天鱼塘水放干，大鱼学校捞走，小鱼学校没要。我们寝室六个人一起抓了三桶小鱼回寝室，做好了叫上全班的同学一起吃，连续吃了一个星期都吃不腻，那个时候有点肉味的东西吃就感觉特别的开心。去食堂打饭的时候，班里女生知道男生饭量大，经常吃不饱，女生饭量比较小，就会非常慷慨地把自己的饭分给男生们吃。也正因为如此，我们班的同学渐渐积累了深厚的情谊，直到现在我和同学们还保持着密切联系，时常聚会，在工作业务上大家也互相支持和帮忙。”

曹醒华的班级毕业照

初入职场　积累经验

1990 年大学毕业后，曹醒华毅然选择回归家乡在信宜市造纸厂当技术员。在信宜市造纸厂工作两年后，曹醒华渐渐感觉到当技术员并不利于自己以后的发展。那时，刚毕业不久的曹醒华可以用“初生牛犊不怕虎”来形容，他毫不犹豫地递交辞职信，来到深圳一家名为中华制漆的香港企业工作，每个月的工资几千元，在那个年代，几千元算是很高的收入。可曹醒华在工作了三年后，又做出了一个更惊人的决定——辞职回家乡自己创业，他认为“工字不出头”，学工科的还是要自己谋发展，只有自己搞创新，才能让自己学的专业知识发挥出更大的作用。随即他回到信宜市创立了油漆公司，并且生意范围越做越广，甚至做到了广西。2000年，就在公司规模逐渐扩大时，与公司合作的广西竹编工艺厂在国家税务总局例行检查税务的时候，被查出有严重的偷漏税和骗取出口退税费的行为，工艺厂负责人员得知消息后随即卷款潜逃，曹醒华经营的油漆公司投资的500多万元资金也在其中，无奈之下，曹醒华只能宣布破产，他的人生跌入了低谷，所有的财富在一瞬间消失殆尽。

然而，曹醒华没有因此一蹶不振，身为华工人怎能轻易被打败！失败了没关系，重要的是，能正视失败，重新站起来。曹醒华给了自己一年的休息时间，利用这一年的时间调整自己的心情，散心、旅游和学习。在这一年里，与其说是放松心情，不如说是在寻找机会东山再起，从头再来。曹醒华用自己的亲身经历告诉我们：意志消沉解决不了任何问题，失败了就要勇于面对，只有在这个过程中不断寻找机会才是唯一的出路。

抓住机遇　重新开始

2001年，曹醒华发现了新的商机——信宜当地的可再生资源松香。松香是一种以松树松脂为原料，通过不同的加工方式得到的非挥发性天然树脂。松香不仅在油墨业中扮演着重要的角色，更与印刷业也有着密切的联系。曹醒华利用家乡的资源，发展起了油墨和印刷这方面的业务，并于2001年成立了信宜市四海泊奇树脂有限公司。在公司发展了三年之后，曹醒华慢慢意识到公司存在一些问题。要把公司经营好，靠自己一个人是不切实际的，自己能力有限，公司的技术、科研都不够成熟，需要找人合作。于是，他通过校友会联系到了与学校老师科研团队合作，一起研发松香。谈及此处，曹醒华非常感谢华工，是母校给予了他很大的帮助。

2006年，信宜市四海泊奇树脂有限公司与华南理工大学正式合作，团队利用信宜丰富的可再生资源松香为主要原材料，开发出高速平版胶印油墨专用树脂R5500系列产品，在实现清洁生产的基础上，生产出具有优异性能和环境友好的高速平版胶印油墨树脂。该产品完全替代进口树脂，项目实施获科研经费

100万元，取得发明专利1项，发表论文2篇，并进一步提高了我国松香深加工的竞争力，带动广东西部区域经济发展，形成区域集群经济效应。同时为油墨树脂上、下游企业提供了工作岗位，具有较好的经济效益和社会效益。

在华南理工大学茂名校友会的大力支持下，曹醒华成立了信宜市五指肚农业开发有限公司。该公司与中国三农产业发展研究院合作，借助夏树让教授的“北果南种”技术，引种桂台系列新品种红枣在信宜市贵子镇试种成功，正所谓“吃贵子枣，早生贵子”。该项目以休闲林果为主题，以“共享农业”为信念，效益共享、风险共担；以红枣为特色，以生态为依托、旅游为引擎、文化为支撑、富民为根本，解决农民致富就业；立足区域资源优势，围绕田园和农业特色，使农田变景观，村庄变果园，继续加强与高校、研究院的科技合作，提高红枣深加工的附加值，把红枣产业做大做精，带动农民脱贫致富。

不忘初心　甘于奉献

在收获了自己的事业之后，曹醒华不仅心系农民百姓，而且在自己的能力范围内广做公益项目，怀着一颗感恩的心，回馈家乡，回报母校，报答社会。他还结合母校的一些学科和自身的研发需要，开展了多项科技研发和项目合作，与母校同呼吸、共命运。

曹醒华校友以其经历向我们诠释：当代大学生应该要努力学习，学好基础知识，培养吃苦耐劳的品质；要有勇气去面对失败，更要有自信去迎接未来；时刻鞭策自己，把握机遇，迎接挑战；心系祖国，承担责任，甘于奉献。

CHEN YUE YU **陈越宇** 〉〉〉

［人物名片］

陈越宇，1971年生于广东台山。1988年考入华南理工大学建筑学系建筑学专业。1992年毕业后在澳门从事房地产开发、建筑设计、投资策划等工作。2001年至今于广东中山、江门从事建筑幕墙、高端铝门窗产品的研发、设计、施工及房地产造价咨询与预结算等工作，先后创立广东颖华幕墙工程有限公司、广东铱幕安全门窗科技有限公司、广州市咨联社咨询造价公司等多家公司。申请多项专利，公司客户遍及全球。

全力以赴　选择人生

——访广东颖华幕墙工程有限公司董事长陈越宇校友

■ 任婉玮

访谈前夕，陈越宇校友发来自拟的简历概述，字里行间，其坚定信念与务实品格给人以高山仰止之感；访谈中，陈越宇逻辑强大，有的放矢，三观清明，后辈敬叹唏嘘！在来稿中，陈越宇对于成功做出如下描述："一个人从走出校门一无所有，到成为一个成功的企业家，一般经历以下几个过程：确保生存下去、体面地生存、有能力帮助身边的人、为社会做较大的贡献、改善人类的生存环境。"

这成功的五步曲不同于市面畅销的成功学，它是陈越宇校友奋斗之路的浓缩与精华，以努力与自强为根基，以责任与信念作动力，以价值与创造为导向。在速成与效率泛滥的成功学里，陈越宇的一席话唤人清醒，没有人能随随便便成功。

一步一脚印

20世纪70年代出生于广东台山的陈越宇

有感于贫穷的童年生活，穷则思变，发奋读书。从小学到高中的不懈努力让陈越宇成为当之无愧的学霸，1988 年以毫无悬念的高分入读华南理工大学建筑学院。据说，当年华工建筑学院录取分数堪比清华大学和北京大学，作为青年学子中的佼佼者，陈越宇的奋斗历程从华工启航。进入大学后，精于逻辑、研究的陈越宇避开建院设计大流，专于所长，为后来的工作与创业之路打下坚实基础。

1992 年毕业后至澳门工作期间，陈越宇打两份工并在澳门投资房地产，赚得人生第一桶金；2001 年，陈越宇凭借先前累积的资本与自己努力进取的拼搏精神回内地创业。物以类聚人以群分，同行精英荟萃一方，陈越宇先后创立广东颖华幕墙工程有限公司，为全球 70 多个大型房地产开发商提供总数过百的建筑幕墙工程服务；创立广东铱幕安全门窗科技有限公司，在科研上屡出成绩，先后申请了 1 项国家发明专利，15 项国家实用新型专利，并进入应用生产阶段；创立广州市咨联咨询造价公司，为全国各地房地产商提供房地产造价咨询与工程预结算等服务。

时至今日，陈越宇谦逊地表示自己现阶段很幸福，企业不大不小，但仍对未来有进一步规划。

以全力相赴　方无愧于心

陈越宇接受访谈

“我在某个时间是否感到后悔，觉得浪费了时间？我没有。有人曾经问，如果一个人将来 90 岁有 100 亿，可以用 100 亿回到现在的样子，你会干什么？我想我还是会选择我现在的人生道路，所以我就没后悔过。总而言之，我一直对每份工作每个阶段都全力以赴去做，所以我无愧于心。”陈越宇如是说。

记得电影《无问西东》中一句台词是：“如果提前了解了你所要面对的人

陈越宇在施工现场考察

生，你是否还会有勇气前来？”能够做出肯定回答的人必是对自己选择极其自信且有强大信念与能力的人，而且自始至终的全力以赴，方能无愧于心。要做到陈越宇口中的全力以赴，并非易事。

全力以赴首先是树立人生阶段论。“每个阶段就做每个阶段该做的事，把考上大学作为这一阶段的起点。”陈越宇对于每个阶段的目标都极其明确且有着一个共同要求：“不要虚度光阴。”当我们明白人生永远没有终点时，才会全力奋斗突破现阶段的自我，如此回望上一阶段时才会有不留遗憾的满足感。

全力以赴的前提是不怕吃苦。“时间会证明怕苦的人永远干不了大事。”陈越宇说道：“人的基因里都是怕苦的，做企业的人每向前进一步都意味着更多责任与风险。”每个人的舒适区就像一个软禁梦想与目标的牢笼，安于享受、抗拒责任、满足现状的人经历不了苦尽甘来的喜悦，在安逸和吃苦的博弈中屈服前者的人是心中有愧于自己的。

全力以赴关键是坚定信念与决心。“每个阶段给自己定个目标，有信念，能吃苦，持续学习，效果很快就出来。”陈越宇以做工程为例，只要确定了工程量目标，剩下的就是坚定决心去完成它，根据市场20% 中标率来看，至少要投标五倍于目标工程量的项目。

陈越宇回望人生的每一个阶段，包括求学、打工、经营公司都能做到全力以赴、无愧于心；在展望未来时，他说：“我现在还没到达顶级阶段，但是我也想为改善人类的生存环境做点贡献，所以也着手在做一个空气净化的项目。”他认为，“生命所赋予人生的不仅仅是一个过场，还要活出精彩及具备必要的社会担当”，这才是无愧于心的终极价值所在。

人生是一种选择

陈越宇工作照

“心有多大，江湖就有多大，人的成功多半是一种选择。”陈越宇将成功定义为一种生活方式的选择，这其中有两层含义，一是有选择的能力，二是在现有能力下可以选择什么样的生活方向。对此，他说道：“人，一直追求幸福感，幸福感与你的财富或选择能力有很大关系，但不成正比。无论如何，追求更多的选择或财富是一种正确的方向。”

陈越宇认为选择能力是建立在物质基础上的，由此衍生出他的金钱观。“马云曾经说过有钱不一定能带来幸福，我认同，因为幸福感和金钱不是正比关系。但是，没钱也是不行的。人先要活下去，再体面地活下去，如此方有选择生活方式的基本权利。”对于低欲望社会青年群体，陈越宇认为他们可以选择自己的生活方式，但缺乏基本的抗风险能力，若遭遇不幸疾病也只能通过滴水筹等方式向外界寻求帮助，这样的人生是被选择的。

从初进大学校园的一无所有到二十年后如今的成就，这是陈越宇自己一路主动选择的结果。因为贫穷选择通过读书改变命运，因为想要进阶到下一人生阶段所以选择打两份工努力赚钱，因为不满足现状想要自己创业。在企业创业过程中，每一个继续扩大继续发展的选择都意味着更多风险与责任的担当，因此，他也称之为“勇敢者的游戏”。

除了人生方向的选择，陈越宇也主动选择自己喜欢的生活方式，和外界干扰划清界限。在陈越宇眼中，他所要做的就是办好企业、照顾好家庭，所以空闲时间他会带家人外出游玩，关注陪伴着儿子和女儿的成长。在谈及家庭教育时，他自豪地说自己的孩子学习非常优秀，并且教导他们奋斗是最有用的人生观。

许多人都希望自己有选择生活方向和生活方式的自由，但唯有像陈越宇脚踏实地铺垫好自己的能力，方能选择不做自己不想做的事。

没有好的时代也没有坏的时代

“如果没有战争或者小行星撞地球之类的因素，正常来说每个时代都有它的机遇和挑战，没有好的时代也没有坏的时代。”

在谈及年代记忆时，陈越宇对于20世纪七八十年代的贫穷是心存感激的。他认为正是那个年代的物质匮乏激励了自己的斗志，所以贫穷也是一种宝贵的财富。“如果让我做李嘉诚的儿子，我不愿意的，他没办法经历我们曾经经历的贫苦，没法感受到那种自立自强的欲望。”

在谈及现代特征时，陈越宇说道：“我们那时候虽然很苦，但现在物质丰富比以前更需要钱了，现在房价高，生活成本高，年轻人更应该奋斗。”

在陈越宇看来，时代在变化在发展进步，但是前所未有的压力也是随之而来的。时代的好坏比较不是不同年代的人比，是同一年代的你我之间相比，这样来看时代的竞争压力是共性，机遇与挑战共存也是共性。对于个人而言，能够实现自我幸福感实现自我价值的时代就是好的时代，不存在横向与纵向之间的比较。

陈越宇乘船渡江

后记

历经商界沉浮与时代变迁的陈越宇，谦和待人，沉稳做事，数年所思所感发人深省，陈越宇校友侃侃而谈，没有企业老总的威严和事先设想的距离感。

陈越宇校友在来稿中写道："'博学慎思、明辨笃行'，让我们如沐春风，获益匪浅，自踏入母校的第一天至今从未忘记。我们要通过不断的学习、奋发进取适应社会的发展，通过社会实践理解生命的意义。"

陈越宇（中）与学生记者团合照

SU CHANGHUI **苏昌辉** 〉〉〉

［人物名片］

苏昌辉，茂名市高州人，1994 年毕业于华南理工大学管理工程专业，毕业后分配到茂名机械厂工作。1998 年开始走上自主创业的道路，创办了茂名北斗星百货有限公司。2018 年担任华南理工大学茂名校友会副会长。

忆华园　峥嵘岁月稠

——访茂名北斗星百货有限公司总经理苏昌辉校友

■ 林烨

2018 年 7 月 22 日早晨，我们来到茂名市北斗星百货有限公司，拜访1994 届校友苏昌辉。晴日明丽，门前绿荫葱茏，圆润小巧的鹅卵石蜿蜒围成的小台上矗立着一座假山，山脚下圈成一方清池，池中锦鲤来往翕乎。进入办公区，只觉明亮整洁，员工们认真地做着自己的工作，安静有序。拐入另一处办公室，只见墙上挂着一幅写着“厚德载物”的书法和几幅秀丽清幽的水墨山水图，置物架上陈列着“先进企业家”“热心教育，捐资助学”等各种奖章和荣誉证书；宽大的红木

茂名北斗星百货有限公司名牌

办公桌，一边放着几摞高高的“文件山”，窗外一目望去便是怡人风景。整间办公室古典雅致，在七月燥热的天气下令人内心感到一份宁静。一阵清淡的茗香在空气中浮动，一位身着白色衬衫、黑色西装裤，面目和善、神采奕奕的先生起身热情招待我们，他就是苏昌辉校友。

农家学子抱负远　争做蟾宫折桂人

回忆起自己的童年，苏昌辉说：“我是农村出身的孩子。”在当时那个年代，农村许多的家长都不是很重视孩子的学习，觉得书读不了了，那就出来工作赚钱。然而苏昌辉的父亲却在教育上很有远见，肯定读书对一个人的终身影响，十分鼓励自己的孩子读书。虽然是家中最小的孩子，但是苏昌辉比同龄人更懂事，也更懂得感恩：“当时农村孩子唯一的出路就是读书。我总想着学出好成绩，将来做出一番事业，好来报答我的父母。”他在不同阶段给自己立下一个个小目标，勤奋苦读，每次考试力争第一。功夫不负有心人，度过无数个挑灯夜读的日子后，他变得比过去的自己更加优秀。令苏昌辉印象深刻的是，在小学升初中的全镇统考中，获得一等奖的有三个人，而自己就是其中之一，在高中也常常保持着班里名列前茅的好成绩。1990年，苏昌辉如愿考上心仪的大学——华南理工大学。

勤工俭学不言苦　忆及师友倍思甜

苏昌辉的专业是管理工程，提起当年选这个专业的原因，他笑着说：“当时我对管理这个概念还没有清晰的定义，就觉得很崇拜。现在想想，管理嘛，就是管人理事。”在读期间，为了补贴生活费，减轻父母的负担，苏昌辉每个月同时做三份兼职工作。在访谈过程中，他常常感慨这几十年间人们的生活水平竟提高得如此之快，并语重心长地告诫我们要珍惜当下的生活和学习环境：“我们那个时候，一份工作每个月最多也就赚个几十块钱，现在的大学生兼职工资肯定是不止了，政府和学校更加重视帮扶贫困大学生了，各种渠道和政策都有。我读书的时候学校的饭堂很少，每次吃饭排队要排很久，每顿饭大概吃两块钱；教室很破，宿舍连风扇都没有，只能靠穿少一些、薄一些的衣服来解暑；坐车回家要七八个小时，靠写信和家人与朋友保持联系，偶尔打电报。”即使现在苏昌辉事业有成，他仍然保持了以前朴素的生活作风，而且访谈时表现稳重随和，加上办公室内古色古香的装饰，倒有一番“艺术家”的风味。当一个曾经深刻体验过生活不易的人完全有能力让自己过上条件足够好的生活时，他反而能抑制住那颗贪恋安逸的心，杜绝骄奢，贯彻简朴节约的好作风，是十分令人敬佩的。

除却学习和兼职工作，苏昌辉还热爱运动，平时经常锻炼身体。我们以为他说的运动是篮球，没想到他笑着调侃了自己：“篮球当然是那些很高大的男生才更有优势的啊！我们是一群人踢踢足球。”回忆起当年那些和自己关系特别要好的同学时，苏昌辉语气也多了几分惆怅：“大学的朋友，大家都来自五湖四海，毕业后很少有机会所有人聚在一起。几十年过去，有很多老同学现在已经基本没有联系了。”而且由于工作忙碌，他很少有时间参加聚会。

当谈起大学期间自己印象最深刻的老师时，苏昌辉第一时间想到的是当年指导自己写毕业论文的陈虹老师，华工的老师以他们的耐心细致、渊博的学识和强烈的责任感影响了一代又一代的莘莘学子，他们仿佛静静伫立着的古树，迎来送往一季季繁叶，在凛冽的冬风中等待着春回水绿。

苏昌辉（右二）和学生记者团合照留念

披荆斩棘勇创业　事业有成仍向学

毕业后苏昌辉被分配到茂名的一家机械厂工作，凭着自己严谨细致的工作态度，他一直做到了副厂长。1998 年，苏昌辉开始了自己的经商之路。其实，他在读书期间就一直有经商的想法，在学校的时候，拥有敏锐观察力的他发现学校能给学生提供的生活用品非常有限，校内的小超市生意特别火爆，消费者主要是大学生群体。于是，他将第一家超市开在了广东省石油化工学院校内，果然如他所料，生意特别红火，这也为他日后的经商之路开了个好头。目前不仅校内有北斗星超市，学校周边还开了 3 家北斗星超市，这给学生以及周围住户们的生活带来了极大的便利。至于为何以 “北斗星” 命名，苏昌辉解释说：“小时候听父母讲故事，懂得北斗星总是能在黑暗中给人们指明方向，这个寓意我很喜欢。”他谈到进入社会之后人际关系的处理十分复杂，不像校园生活那般简单，所以他在工作中常常需要注意察言观色。经过一番打拼，现在北斗星百货有限公司已经有了水东店、高山店、红旗店、文明店等 16 家分店，还有自己的配送中心，消费者群体也不仅仅满足于创业初期的学生群体，而是扩展到了广大消费群众。

事业越成功，苏昌辉越不敢有丝毫怠慢，正如他所说的：“做得好有收获，做不好恐怕会失去得更多。”现在北斗星超市的管理是复杂且严格的，他颇为了解知识产权这方面的知识，对于一些审核的流程也是相当熟悉。而且对于近期国际大事他都有所关注，总能敏锐地从经济学角度指出一些深刻的问题。根据生活和工作的瞬息变化不断地涉猎和汲取不同方面的知识，打破陈旧规律的桎梏，摸索着适应时代发展的新道路，这是充实自我的需要，更是社会对复合型人才的要求。

寄语母校贺佳绩　殷殷期盼祝峥嵘

当谈到母校 2017 年被评为国家 “双一流” 大学时，苏昌辉十分自豪，总结道：“我们华工的学风，很符合工科院校的特点，总结起来就是务实、创新、专注、实干！”他认为，当代大学生勤奋刻苦、团结、思维活跃、富有激情，而且随着科学技术的发展，学生获取信息的渠道更加多样化，从而更加了解这个世界。现在各大高校的发展越来越快，同时也要求学生的知识面更广，因此他希望师弟师妹们有条件的话还是要继续深造，努力向复合型人才发展。同时他也指出希望学校未来对学科的定位能够更精准，国内大学不仅要重视学科的学术化，学科的实际应用也不能忽视。他希望在未来的发展中，华工能有更多的高端专业，培养出更多的顶尖人才。

采访结束后，在返回的路上，华南理工大学茂名校友会会长袁富善提到，苏昌辉非常支持茂名校友会的工作，一直对校友会和学校的活动给予物质上和精神上的支持。正是一代代校友的不忘感恩和鼎力支持，方有母校今日的辉煌成就！

苏昌辉（左）与茂名校友会会长袁富善讨论校友会的日常工作

茶道人生　低调务实

——访连一资本管理有限公司创始人孙章元校友

■　徐偲睿　陈文庆

《《《 孙章元SUN ZHANGYUAN

［人物名片］

孙章元，安徽和县人，1994年入读华南理工大学。中国第一批互联网人，参与联合创办YOKA时尚网，后进入互联网和消费升级及教育投资领域。曾任国金投资董事，参与投资了贝乐学科英语、掌阅、快播等明星项目。2016年创办和沃投资以及连一资本管理有限公司。

初见孙章元校友时是在人间天堂杭州的“梦想小镇”，他衣着休闲、笑容亲切，随意挎着一个包，看到他那张洋溢着笑容的脸时，我们紧张的心情便轻松了许多。笑容明朗、热情大方是孙章元校友给我们的第一印象。下午，我们一行人驱车前往孙章元校友的住所进行采访，他温和谦雅、思维敏捷地与我们交流，一边泡茶，一边将那些难忘的故事娓娓道来。在茶香中，我们了解了孙章元校友一路以来求学、工作、创业的成功经历，细细品味了他的茶道人生。

风华正茂　梦起华园

谈起在校的时光，孙章元校友面带笑容，牵引着我们的思绪回到了他的学生时代。毕业快二十年，回忆起华工的经历，孙章元依然觉得恍如昨日，他虽然是个“理工男”，但是骨子里那股文艺气息却是挥散不去，进入华工之后，他便开始向人文领域涉足。说起学生时代的故事，孙章元最骄傲的应该是担任华工《百步梯》刊物的主编了。在《百步梯》这本刊物上，他曾花费了大量的心血。那个时代的办公软件还不像现在这么方便快捷，孙章元经常和部门的同学们一起熬夜写稿。他回忆道："我印象最深的是举办'心连心新生征文大赛'，当时我们请的评委是陈春花老师，所以跟她很熟悉。"提起陈教授，孙章元又给我们分享了许多她的故事，例如陈春花教授的"马克思主义基本原理"课每每都是座无虚席，甚至慕名来听课的学生都站到了教室门口。

孙章元学籍照

对于文学有着浓郁兴趣的孙章元，说到自己的专业课，却坦言自己是个"坏学生"，临近期末考试，自己就会"茶饭不思"，利用考前的短暂复习时间快速地温习每一门功课。说起这样的趣事，孙章元笑着低下了头。

千里之行　始于华工

谈起创业，孙章元说自己从大一开始就不断摸索着前进，他曾摆过地摊、做过上门推销、卖过擦鞋油、做过主持人等等。最值得一提的是他曾和浙大的一个朋友在学校附近的东莞庄路开了一家"笨鸟书店"。当问到为什么会经营书店时，他说道："我小时候很喜欢看书，那时没钱买不起书，最大的梦想就是能买很多很多的书堆满房间的四面墙。可是小时候的零花钱很少，看上一本心仪的书往往要存上几个月的零花钱。不单是为了赚钱，主要还是因为自己喜欢看书，所以萌生了自己经营书店的想法。"他满怀骄傲地跟我们说他看过书店里的每一本书，因此顾客来买书时，他总能投其所好地给他们推荐适合自己看的书，走进笨鸟书店的顾客，几乎没有空手而出的。"书是最复杂的商品，远比所有的商品都要复杂。"

"路漫漫其修远兮，吾将上下而求索。"孙章元说在大学时对他影响最深的一本书是王东华著的《新大学人》。"当我们进入大学人的行列，我们已是同龄人中最优秀的，但是我们还不是智慧的。"孙章元告诉我们，智慧如岩，

大学时代的孙章元

大学要学知识、会技能、去实践，因为知识让我们知道世界是怎样运行的，技能让我们掌握世界是怎样创造的，实践是适应生存的行动。我们做任何事情时都不是在虚度光阴，关键是自己怎么看待正在做的事情，只要用心都能做出成就来，因为社会尺度正变得越来越宽容。智慧若水，大学生要懂文化、通古今、晓伦理，不能成为一个有知识没文化的人。“我在大学时经常去听讲座，我觉得很多在讲座上学到的东西是你在专业课的课堂上学不到的，而这些东西却是能受用一生。”所以人文的软实力是很重要的。智慧似海，当你在做一件事情时，不要太在意回报。“所有真正有价值的东西，都是从看似无价值的东西里孕育出来的。大学生最重要的就是社会阅历，华工做得很好的一点就是它会提供给学生很多实践的机会。”孙章元如是说。

孙章元一直让自己保持乐于学习、热衷阅读的习惯，在专业的基础上拓宽知识领域，形成自己多元化的知识系统。游历山川、阅读书籍、倾听讲座、参加社会实践等等，这些都是孙章元身为“大学人”提升自己智慧和软实力的体现，也是他对华工学子的一个诚恳建议。

回忆起在华工求学的数年时光，孙章元说华工对自己最大的影响就是培养了自己低调务实的态度。“《太极宗师》里说一个组织需要一个面子一个里子，我觉得华工就是那个里子。”“华工的男生都很低调务实，你们找对象最好就是找本校的。”说着孙章元便哈哈大笑起来。虽是一句玩笑话，却饱含着孙章元对母校的感激与热爱之情。

低调沉淀　厚积薄发

孙章元的人生注定和传媒行业结下不解之缘，在华工求学期间，他不仅办刊物、开书店，还曾和朋友一起卖过报纸。“当时我们是骑单车送报纸，一周要送3万份，是一周噢。”他如此强调。从华工毕业以后，他在1999年第一次接触互联网，便意识到传统媒体必定会为互联网所取代，于是放弃了广州的工作去了北京，进入新浪公司，成为第一代“北漂”。孙章元立业坚毅，纵然在这条成长的道路上存在着不小的压力和许多不确定因素，背负旁人的质疑和不解，他也坚定地做出“北漂”的职业生涯抉择。“在2005年、2006年，时尚杂志达到巅峰状态，但由于时代所驱，也逐渐被互联网形式所取代。”孙章元感叹道。新浪之后，他还任职于千橡互动集团，千橡是猫扑、人人网的母公司。在千橡后，孙章元还联合创办了YOKA时尚网，当时YOKA时尚网一跃成为中国时尚类的第一门户。

暂时的成功并没有让孙章元停下辗转与奋斗的脚步，离开YOKA时尚后，他担任国金投资顾问有限公司董事，联合创办了多家公司，孙章元十余年的创业生涯自此开始。如今，孙章元作为创始人建立了连一资本管理有限公司，把握早期风险投资行业的先机，与此同时还执掌着杭州十九楼网络股份有限公司，在几十个城市中，打造着具有当地属性的城市社区。

孙章元自家院子里的葡萄熟了

善思笃行　品味人生

古人曰：“善弈者谋势，不善弈者谋子。”善于下棋的人，总是先要把握棋局发展的总体趋势，把能够左右胜败发展的“局”布好、“框架”搭好，孙章元就是那个“善弈者”。作为一名投资人，孙章元有着敏锐的眼光和洞察力，投资了华工三位校友的项目，其中包括声牙科技“95后”CEO邓佳鸣。作为连一资本的创始人，孙章元可以说是一位成功人士了，可他并没有安于享受现

孙章元享受茶道

有的生活，每天依然奔波于工作之中。繁忙工作之余，孙章元有着自己放松的方式和兴趣爱好，他爱好收藏石头，访谈时不忘向我们展示他珍藏的歙砚；他爱看书籍，尤爱人文、经济类书；他也爱喝茶，在谈笑风生时煮水泡茶、熟练自如，在浓厚的茶香中品味人生。通过工作和休闲娱乐相结合，孙章元始终保持着开朗明亮的心态。

寄语晚辈　祝福母校

对于师弟师妹，孙章元还有很多话想说。对于现在大学生的创业风潮，他认为创业并不局限于年龄，不是说年轻去创业就风险大，而是在于你的生活阅历是否丰富，还在于你是否能沉下心来做好一件事。孙章元说："你还要有高情商，在你事业成就的过程中你的情商是一个很重要的因素，而在你积累不够的情况下，贸然创业是很容易失败的。所以我们华工学子毕业以后还是要保持低调沉稳的心态。"离开学校多年，孙章元仍旧心系母校，积极参与到华工校友会和其他的活动中，他还希望华工能扩大宣传，在全国增加知名度，培养出更优秀的学子。正如《华工之歌》所颂："云山苍苍，珠水泱泱；华工吾校，伟人遗芳；前贤创业，后人图强；崛起南国，培育栋梁。"他相信，一代代华工学子一定会成为时代的弄潮儿，母校的明天一定会越来越辉煌。

LIU JIE刘　捷 〉〉〉

［人物名片］

刘捷，江西南昌人，1995 年入读华南理工大学建筑工程系建筑学专业；2004 年成立三川田文化科技股份有限公司，并于2015 年6月成功挂牌新三板。公司主要致力于三维影视动画、移动交互、AR/VR、数字展馆、数字舞美、品牌服务等。主导过《2010 年广州申办亚运》《2012 年上海世博会》等多个项目，并成功打造了佛山创意中心等众多大型文化旅游项目。

“图说”未来　“谋画”人生

——访三川田文化科技股份有限公司刘捷校友

■ 杨新

走进位于萝岗区科学城的三川田公司门口，便被其独特的创意设计风格所吸引，“三、川、田”三个饶有艺术气息的大字悬浮墙上，仿佛真能感受到山川融合、海纳百川的气魄，偌大的 LED 屏打造的“海底世界”走廊，灵动游走的电子鱼儿也为办公室增添了几分活力。

邂逅建筑　“缘”来是一生

“自小多才学，平生志气高。”刘捷出生于一个商人家庭，父亲没有成为知识分子，寄希望于儿子成为一个有文化内涵的人。从小父亲便让他学画画、练毛笔字，虽然刘捷也喜欢，可是练多了就累了、乏了。当他恳求父亲不再练习的时候，父亲无动于衷，甚至还把他关在门外任其嚎啕大哭。现在想来，正是父亲当年的“狠心”，才培养了他画画的功底，也正因此使他与建筑结下了缘分。

高考报志愿的时候，刘捷显得比其他孩子更有主见：“自己物理学得不错，又擅长画画，必定要在二者的交叉处选择一个学科。”刘捷和父亲坐在一块，用半个小时的时间就做好了选择——广州经济发达，临近江西；工学华工最好，学校选择华工；相比建筑工程，建筑学的学费更贵，所以专业选择建筑学。

在华工求学期间，学校设有优秀学生奖学金，特等奖3500元，但是每个年级的特等奖学金名额只有一个，尽管刘捷成绩比较优秀，但想要去争拿一个名额也是很难。碰巧，有个师兄给他介绍了画效果图挣外快的兼职。刘捷笑呵呵地对我们说道：“一张图就是3000块钱呀，那可是一笔不菲的收入。”那时他就每天忙于接单、画图，几乎每天晚上都熬夜，也没给自己放过假。最忙的时候，一个月接了80张图，赚了16万元。

但是，刘捷毕业没有直接去建筑行业画图，而是去了广州大学信息学院当计算机老师，这看起来与建筑似乎再无任何关系了。但是去了广州大学的刘捷还是心心念念着自己的效果图，于是就利用寒暑假时间，在学校开兴趣课程，教学生画图。刘捷坦言，那时来报名听课的学生太多，不仅教室里面的座位坐满了人，就连教室后面的过道也都站满了人。后来，刘捷与几个学生组建了工作室，又开始了自己接单、画图的生活，他说那种感觉和在华工读书没差别，只不过就是换了一个地方画图罢了。但随着业务量的急剧增加，刘捷不得不辞掉广州大学的工作，和合作伙伴一起开了家公司，这个公司就是现在的三川田。

相互信任　诚实做生意

“山河不足重，重在遇知己。”自创业开始，刘捷便有一个创业搭档，二人相互信任、取长补短，披荆斩棘、共创辉煌。在辞掉广州大学教师工作单独开工作室后的一次同学聚会上，他发现以前的老同学也在创业，只是老同学做的主要是室内设计，而他做的主要是社区，他和老同学一商量，如果他们合作，就能形成一条产业链。由此，二人开启了合作之旅，这一合作就长达十多年，直到今天，三川田公司也是刘捷和这位老同学在合作运营。

合作的前几年，也就是公司成立的起始阶段，刘捷和老同学过得很忙碌。也碰巧那时候遇到了国家房产业大开发的好时代，订单一个接一个，刘捷和老同学乐此不疲。那时他们约定一年只休息三天，正月初一、初二、初三。在挂牌新三板之前，刘捷和老同学对于公司的利润一直是五五分成，彼此也不会计较谁付出得多或者谁应该得到更多的问题。

公司上市时刘捷在北京敲钟留影　　刘捷在美国谷歌公司前留影

当被问及二者有没有什么冲突时，刘捷坦言，他和老同学经常吵架，因为他是属于比较关注宏观方向的人，擅长鸟瞰图，但是老同学是个特别心细的人，所以二人就经常为设计吵得面红耳赤。不过他们都觉得，这种争吵看似表面不合，实则二人都是相互信任，为了共同的目标，吵到双方满意为止，成果也能让甲方满意。

这种信任也体现在三川田与外部客户打交道的过程中。刘捷十分看重生活中的小事，也许在别人看来用心画好一张图比较容易，当出现大批量订单的时候，就会产生偷懒、耍小聪明的心理。刘捷认为每一张图都寄托了一份信任，客户因为信任你，才会愿意和你合作，如果草草把一张图画完，确实可以交差，但是却对不起这份信任，并且如果客户后期发现有问题，那也会影响企业的声誉。三川田之所以一直都有源源不断的客户，除了技术创新以外，很大程度上归结为三川田的“诚实做生意”的文化。

吃亏是福　平常心是道

“手把青苗插满田，低头便是水中天。六根清净方为道，退步原来是向前。”刘捷喜爱佛家文化，追崇这种顺其自然的平常心，这也成为三川田公司的核心文化之一。当被问到如何处理公司收不回来的坏账时，刘捷笑呵呵地说：“吃亏是福嘛。”在他看来这些“应收账款”就当花钱买教训了，而且公司也能从中提高自己的口碑，帮助公司改善管理从而进入良性可持续循环。

2004年五一劳动节时，三川田公司得到大量订单，刘捷和老同学决定五一节假期往后调休，但他们没有想到，假期对员工来说这么重要，于是五一节过后，80%的员工都辞职走掉了。但是还有那么多订单没处理怎么办呢？刘捷并没有慌乱，他想着自己以前一个人一天也能画几张图，现在只要剩下的人一起努力，也不成问题。于是，刘捷和老同学商量，决定和留下来的员工一起同甘共苦，“以前一个人画一张图，那现在就一个人一天画五张图，吃饭睡觉都在公司解决了”，公司最终渡过难关。

南昌项目也许更能诠释刘捷的佛系平常心。刘捷2016年回到故乡南昌，正好碰到他妹妹的房子拆迁，而房子在佑民寺旁边，但是东湖区领导对于拆迁后的文化开发没有任何思路；拆迁办的人和刘捷父亲聊天，父亲提到自己有个儿子在广州搞文化设计。后来刘捷偶然回到家乡，机缘巧合，就和当地的文化局局长、东湖区委书记聊起了文化产业该如何发展，一个地方该如何开发，他当时只是抱着一种交朋友的心态，敞开心扉来聊，没想要有什么结果。后来，东湖区领导让刘捷考虑一下，刘捷花了两三天了解了一下整个关于东湖和佑民寺的历史，发现东湖其实是南昌的母亲湖，而佑民寺也是东湖区的一个坐标点。他觉得佑民寺完全可以作为东湖区的一张文化名片，令他感到意外甚至惊喜的是，东湖区领导很赞同他的想法，让他负责东湖区拆迁后的文化开发设计。自此以后，三川田走上了“文化+产业”的发展模式。

刘捷作为天河区人大代表参加第九届人民代表大会

注重小事　从小变到大变

“积跬步以至千里，积小流以成江海。”在采访刘捷的过程中，他说的最多的一句话就是“要用心做好每一件小事”。以善小而为之，积少以至成多。刘捷说，他这一生中并没有什么大事，也没有什么太大的挫折，反倒是一系列小事成就了他的现在。

刘捷把“佛山新城”建设项目看作是三川田的一个重要转折点。一开始，他凭借 PPT 向新城管委会介绍了他的设想，得到了几千元钱；接着制作了关于新城未来的影片，从众多投标者中脱颖而出；接着凭借一个沙盘、3D 体验馆成功夺标，三川田最终赢得佛山新城的设计权。这是三川田历史上第一笔超过百万的项目，按照刘捷的说法，当时全公司上下都很紧张，都小心翼翼地想把这个项目做好。从那以后公司的名声也越做越大。

也是自“佛山新城”项目结束后，刘捷发现现在的文化设计市场已经趋于饱和，如果说之前是供不应求的话，那现在就是严重的供过于求，在这种供过于求和老百姓追求生活品质的背景下，品牌服务就显得尤为重要，特别是个性化的品牌。

刘捷认为，在小项目井喷式增长的情况下，三川田也应当适应这种小项目的需求，从小事做起，因而推出“小包子品牌服务平台”。“小包子品牌服务平台”提供的是一种管家式的非标服务，客户一次下单即能享受终身服务。而“小包子”本身也有其独特的含义，“小”是指做好每一件小事，做好每一个小项目；“包”是指包罗万象，以后的管家服务将会渗透到超出建筑设计以外的更多领域；“子”是指人，迎合人的个性化需求。

刘捷（右二）出席小水滴行动慈善事业的授牌仪式

刘捷说，中国的快递业、物流业经过多年的发

旅游中的刘捷

展，已经解决了货物的运输问题，使得用户当天下单，几天内就能收到货物。而现在他们推出管家服务的终极目的就是要解决“沟通问题”，因为一个客户面对多家商家，或者一家机构面临多家投标者，要付出进行比较的成本，而一般来说，谁获取甲方的沟通时间越长就越有可能竞争胜利，尽管他们本身的设计可能存在一定的问题。而管家服务就能把这些企业的信息全部收集起来，进行对比，直接推送比较的最终结果给甲方，大大降低甲方和乙方的沟通成本。

其实，无数成功案例的积累，每一张图都是寻常的铺垫，而每一次成功背后都蕴含着艰辛，都会为三川田赢得口碑，由此形成客户需求、三川田创意的良性发展。

殷殷祝福　浓浓关怀暖心间

谈到母校，刘捷衷心祝愿母校越办越好，老师身体健康；谈到学弟学妹，刘捷表示感到很亲切、很自豪，也对学弟学妹们抱有很大希望，并送上深深祝福：

要做好小事。生活都是由点点滴滴的小事积累而来的，要以平和的心态看待得与失，有些事情是急不来的，每个人都有自己绽放的一个时间，只不过有早晚之差罢了，马云也是35岁才创业。

要专注当下。你永远不可能知道未来会发生什么，做好你现在该做的事情即可。当你用心做好一件事时，就能得到快乐，用心就是平常心，做到心中无我，心中无他。

要培养信任。人与人之间的信任不仅在商界重要，做朋友也很重要，信任如果经营得好，则是可持续资产；如果经营不好，则会形成无限循环的不良资产。

要传承华工人踏实严谨的精神。华工人的一个最大的特点就是务实，这也是很多企业点名要华工学生的原因，希望学弟学妹们“扬帆起航始于华工”。

CHEN FENG 陈　锋 〉〉〉

［人物名片］

陈锋，1997 年入读华南理工大学交通学院路桥专业。2001 年毕业后进入江门市公路局，从事路桥建筑技术工作。2009 年开始自主创业，在江门从事路桥建造、安装、维护等工作。2014 年创立江门市旭程路桥工程有限公司并担任总经理。华南理工大学江门校友会副会长，足球俱乐部会长。

乐攀人生高峰　勤筑坚韧之桥

——访旭程路桥工程有限公司总经理陈锋校友

■　潘镛圳

七月的江门，蓝天白云，碧空如洗。驶离蓬江区，顺着郊区小路，我们来到一个平坦开阔的工业区，透过车窗，眼前是硕大的龙门吊和预制梁；远处楼前，一个人正在向我们招手，这就是我们今天的采访对象——陈锋校友。车子慢慢驶近，陈锋校友爽朗的笑容越发清晰。一下车，我们就被招呼进一间崭新的厅室坐下，古色古香的茶几，壶里泡好了茶，篮子里是新鲜的水果，陈锋校友也准备好为我们讲述他的故事。

千里赴华工　启芳华岁月

陈锋是江苏人，自小在江苏农村生活，父母亲是当地农户，性格很开朗，从不给陈锋什么压力。在宽松的家庭环境熏陶下，陈锋生性豁达乐观。1997 年，在高中班主任的推荐下，18 岁的他选择到身处改革开放前沿的广东继续自己的求学生涯，高考志愿表的第一志愿

学生时代的陈锋

院校那一栏，陈锋填上了“华南理工大学”六个字。不久，一纸录取通知书，这个内心充满斗志的年轻人如愿被华南理工大学路桥专业录取。一个人从南京坐火车到广州，再从广州火车站搭一辆摩托车抵达华工，就这样，陈锋千里奔波，第一次踏进华工校园，迎接属于他的芳华岁月。

进入大学后，闲不住的陈锋积极参加各种社团和组织活动。当时献血活动刚刚兴起，作为“爱心社”的宣传部部长，陈锋多次组织校园内的无偿献血活动，在校园内营造起积极奉献的氛围。在交通学院，陈锋经常参加各种运动，篮球、羽毛球、足球等，精力十分旺盛。足球是陈锋的最爱，既踢球也看球，1998 年法国世界杯期间，他特地从广州同学家中抱过来一个大电视放在宿舍，准点守着看，如痴如醉，一场不落。

除了体育运动，陈锋还喜欢看书。“到图书馆借书来看，也会去租书，白天不看，等到晚上十一点宿舍熄灯之后，在床头点根蜡烛，躺在床上看书。”大学四年，陈锋看了很多书，三毛、琼瑶、路遥……各个作家的作品都看，印象最深刻的就是路遥的《平凡的世界》，与这本书的邂逅，让陈锋开启了一个新的思想世界，预见可期的未来。

聊起在华工的学习生活，陈锋感慨颇多：“大学学习很重要的一点就是教会我们学习的方法。”当年教他们道路工程的老师，一个学期只上了两节课，第一节和最后一节课。第一节课布置任务，要求学生们按照学号顺序，每人上讲台讲一节课。学生们接到任务后，都积极备课。陈锋当时负责“软基”这方面课程，泡图书馆，自学知识，认真准备，换来了台上45 分钟的精彩表现，时至今日，“软基”方面的知识依旧深深印记在他的脑海中。

大三、大四的时候，陈锋经常参加社会实践，去学校外找事情做，满满的回忆中，既有成功的喜悦，也有失落的无助，当然，最重要的是他变得自信许多。“大三的时候，我出去帮广告公司搞市场调查，记得那个时候踩单车，在当时的东山区那一片地方，找一栋大厦，整个大厦，一楼、二楼、三楼，一直往上，把各层公司名称、门牌号、电话号码都记下来，然后看哪个公司需要这些信息，就把这些资料寄给他们。”在大学时陈锋就已经尝试着去接触社会，慢慢积累了一些经验。

勤奋实干　筑江门路桥梦

陈锋在工地工作

毕业之后，陈峰离开广州，进入江门市公路局工作。“来江门真的是有缘分”，其实在大四的时候，陈锋自己拿着简历四处找机会，经过层层面试，手头也有好几个在广州的工作可以选择。最终选择来到江门，是经过一番深思熟虑的。江门当时的定位是粤西交通枢纽，有很不错的交通建筑前景，有十几条高速公路待建，这对于像陈锋这样的路桥专业人才来说，可谓千载难逢的好时机。于是，陈锋和另外四名同学一起来到江门这片新天地，开始他们新的征程。

从2001年到2009年，在公路局的八年之中，陈锋从基层技术人员做起，与工地的工人们同吃同住，耐住寂寞，充分发挥华工人吃苦耐劳、艰苦奋斗的品质，一步步脚踏实地走下去。一切的付出都是有回报的，八年里，陈锋历任项目经理、工程部经理、总工程师助理、副总工程师，成为能够独当一面的技术型人才。在公路局的八年奋斗中，陈锋见证了自己的成长，也见证了江门交通建筑行业的发展，更验证了当初选择到江门发展的正确性。

2009年，陈锋又迎来了人生中另一个重要的转折点。这一年，陈锋离开了工作八年的江门市公路局，开始自主创业。“我坐不住也闲不住，喜欢自由，喜欢挑战。”陈锋笑道。喜欢自由的性格，加之多年来在行业积攒的人脉，选择创业对陈锋来说，也是自然而然的事。创业之初，也遇到不少的困难，业务量少、资金短缺、管理不到位、人才流失等问题都遇到过。这些是挑战也是机遇，每次陈锋都积极应对，寻找有经验的朋友或以前的领导，向他们虚心请教，参考他们的观点见解，形成自己的解决方案。多点沟通总能找到合适的路，在化解难题的同时，也能积累更丰厚的经验。

2017 年，陈锋又创立了自己的预制梁公司，这也是他事业上的第三个关键转折点。陈锋敏锐地感知到近几年来建筑行业开始发生转变，传统现场施工模式已经不适应建筑行业的高速发展，在慢慢走下坡路，新兴的装配式建筑模式是行业的大势所趋。“现在的装配式建筑施工像搭积木，我们这里就是生产积木的”。从 2017 年开始，陈锋开辟了两个新的工区，专门从事装配式生产，紧跟行业最新的发展动向。

认真和诚信是陈锋一直坚持的原则。别的公司不愿意接的小项目，如小桥桥梁工程的维修加固，陈锋都会主动接下来，即使利润微薄，也会认认真真地做好。对陈锋来说，认真做好这样的工程，既能确保业务量，也锻炼了自己的队伍。路桥行业是个小圈子，要站稳脚跟就必须以诚信立足，从最初创业到今日，陈锋一直坚信并践行这一点，以诚心待人，用守信为自己的路桥公司筑起口碑，也让自己得到圈内人的认可。

创业后，陈锋学习的脚步也没有丝毫停歇。前不久，陈锋刚刚去武汉考察学习，了解行业发展的新模式。从创业开始，陈锋没有间断过学习，一方面是学习新的技术，了解行业的新动向；另一方面是学习如何管理，为了更好管理公司和工程，改进之前的管理模式，提高整体效率，他在百忙之中抽空去读 MBA、向身边的良师益友取经，不断拓展自己知识的宽度和厚度。

“我感觉一路走来也是很平坦，走到什么时候做什么事，虽然难的事有很多，但过不去的坎还没有遇到过。”谈起九年来创业的艰难，陈锋笑着一句带过。对陈锋来说，创业带给他最宝贵的礼物是思维上的转变，他说在体制内工作的时候有固定的任务，专注点就放在完成任务上；但是创业后，没有人分配任务，需要自己给自己一个目标，放在第一位的是给自己定目标，第二位才是如何完成目标。

足球人生

如果说路桥建筑是陈锋人生的主线，那么足球就是不折不扣的副线。

当年通宵看世界杯的少年已经从华工毕业十七年，在这十七年里，足球陪伴陈锋走过每一段路程。毕业后在江门市公路局有自己的球场，当初和陈锋一起踢球的同事，现在还在一起踢球，以球会友，足球让他们保持良好的友谊。创业后，陈锋也组建了自己公司的球队，在踢球的过程中，团队的配合愈加默契，这也为团队一起在创业路上攻坚克难打下坚实基础。

现在，陈锋担任华工江门校友会足球俱乐部的副会长。他带领足球队和华工其他地区校友会的足球队交流切磋，以此联谊，增进各个地区华工人之间的联系。就在 2018 年 5 月 26 日，陈锋等一众江门校友返校，参加华工校友会足球联盟的盟旗交接仪式，江门校友会作为第一届联盟轮值盟主向东莞校友会交接联盟旗帜。仪式后，陈锋等江门校友就和东莞校友在西区体育场举办了一场酣畅淋漓的足球赛，再忆当年青葱岁月。

陈锋（左）参与江门校友会足球俱乐部活动

作为父亲，陈锋也毫不犹豫地让自己的孩子参加到足球运动之中。他送自己的孩子到附近的足球俱乐部训练，和孩子一起踢球，引导孩子去感受并喜欢上这项运动。

足球，帮助陈锋更好地融入每一个团体当中，公路局团队、创业团队、校友会，甚至是自己的家庭！

“我个人每周有三场足球，时间都比较固定，一般来说风雨无阻！”流水的时光，铁打的足球，陈锋与足球之间便是如此吧。

美好祝愿　寄语华工

回首大学时光，陈锋也有很多话要对学弟学妹讲。

首先，作为一名华工人，最重要的是对自己有信心。华工人都是很优秀的，觉得自己能行，那就一定能行，要对自己的能力有绝对的信心。其次，是要学会坚持。这一点，在建筑行业多年的陈锋深有体会，刚入建筑行业的大学生，往往耐不住工地的寂寞，坚持不下去，草草离开，自然积攒不了经验，做不成大事。所以，不管干什么工作，做什么事情，既然选择了，就要坚持做下去，避免半途而废，浪费时间。第三，就是培养自己的兴趣爱好，尤其是要培养一项自己热爱的团体运动，像篮球和足球，这样不仅仅能锻炼身体，还能帮助个人更好地融入团体中去。

采访最后，陈锋校友送上对母校和校友们最真挚的祝福——“我们的华工是越来越好了。祝福我们母校越来越壮大，永远朝气蓬勃桃李满天下！校友们工作顺利，身体健康，事业有成！”

陈锋（中）与学生记者团合照

XU XIAO 许　晓 〉〉〉

［人物名片］

许晓，广东广州人，2011 年入读华南理工大学 MBA，现任珠海森坦企业孵化管理有限公司 CEO、华南理工大学珠海校友会第七届副会长。

极简以致远

——访珠海森坦企业孵化管理有限公司 CEO 许晓校友

■ 王若楠　俞灵燕

一眼见底，既是身边人对许晓的评价，也是许晓留给我们的深刻印象。即使已在商海沉浮多年，开创了自己的一番天地，简单直白，依旧是许晓喜爱且坚守的，这或许也是部队家庭的生活经历在许晓身上烙下的不可磨灭的印记。

缘分所在　意料之外

许晓与华工的缘分或许是命中注定。华南理工大学在广东省的名声与实力毋庸置疑，自然成为这位土生土长广东人的不二选择。华工也确实没有让许晓失望，踏实严谨的教学，助许晓成长良多。在学校，与导师见面的次数屈指可数，导师只会给你指明方向，但是否要走，如何走，导师并不会过多干预。即使在写毕业论文阶段，学生仍是处于“放养”状态，尽管不常与导师见面，但每次交流导师给的指导意见都令人受益颇多，导师也会给予百分百的帮助。即使毕业以后步入社会，许晓遇见工作上的难题还是会向导师请教，导师也乐于同他探索，每次都会给一些中肯的建议。导师现在仍在每个月最后一周星期四的下午出席灯塔会，进行公益性的分享，内容十分实用。

许晓在演讲

要问华工带给许晓什么，除了知识和眼界以外，还有爱情。许晓和他的爱人相识于华工读书会，两人都酷爱读书，脾气秉性十分相投。“我老婆是山东人，个儿高，长得又漂亮，学习成绩又好，很优秀。”许晓如是评价道，“我同学都羡慕我，华工本来就没几个女生，最优秀的还被我‘拐走’了，不过还好啦，肥水不流外人田，大家都是华工的。”说完，许晓脸上浮出笑意，尽显甜蜜。

商海沉浮　迎难而上

生活并不总是一帆风顺，很少有人能把生活过成童话。许晓2012年开始创业，毕竟是首次，困难重重，压力太大晚上睡不着觉，决策出现重大失误，资源不够……最终以失败告终，公司以120万元的价格转手他人。2016年他重整旗鼓，钻研产业园，持续至今，现在已有四个产业园，第五个也在准备中。中国做地产的很多，但是做产业地产的不多，做成功的就更少，但是许晓团队总结出了一套产业地产的运作模式。

创业成功并非仅仅用一句话定义，与之相配的，是背后数十年如一日的坚持与努力。工作上总会有源源不断的难题涌现，而作为领导者，首先要做到的就是正直，或许与家庭环境有关，许晓做事干脆，直来直往，不喜欢绕来绕去，正所谓上行下效，领导者作风如此，员工不言自明。其次便是协调，许晓真心希望将公司建设成为一个大家庭，希望员工在挣到钱的同时学到东西，因此他尽己所能营造一个愉悦的工作环境，但毕竟还有现实的压力，高强度的竞争环境也是不可避免的，一个优秀的领导者要尽可能协调好两者之间的关系，除了以德服人外，还要不断学习管理学知识，不断更新自己的知识库，争取做到以才服人。

谈及此，许晓表示非常感谢在华工的求学经历，让自己的知识系统化。现在有各种各样的公众号分享管理学知识，但是这种知识往往是碎片化的，这种碎片化的知识害人不浅，自以为学到点东西，便听不进去别人的建议。但在华工求学，搭起整个系统化的框架以后，许晓会把知识点往框架上放。在经营企业的过程中他发现，管理学不是单一的——不是单一地做绩效考核就能挣钱了，或者说单一地攻关到某一个客户然后就接到大订单了，它是一个整体性的调养过程，要有系统化的知识储备。许晓也在不停学习着，奔走于各大校园，聆听各大名师讲课。

许晓（前排左一）出席富山工业园 2018 年院企合作对接会暨院企战略合作签约仪式

简以静心　简以沉淀

“极简主义”是许晓向往并践行的，它可以避免心思和精力的浪费，目的明确直接，就像 FaceBook 创始人扎克伯格，一模一样的衣服买五十套，不用多花时间考虑搭配。极简主义分两块：第一块，工作当中很简单，生活当中很简单，一眼就能被人看穿，正如朋友、同事对许晓的评价。第二块，极简主义能让人保持冷静。奢侈的生活会让人迷失，在一件事情决策的过程中就会有其他因素的干扰。举例来说，要决定钱的归属问题，一千万的投资在许晓的极简思维中只是数字而已，但是如果把它换算成一千万能买辆什么牌子的车、什么地段的房子、什么品牌的衣服，能去世界的哪个地方旅游，如果把这些钱换算成生活中的物质享受，决策过程就开始首鼠两端，但是如果把它当作一道数学题，一道工程力学题，那一千万不过就是一个数字而已，这样想决策就不会产生偏差。许晓的生活就十分简单，大部分时间用于工作，跑步和读书也是每日必须，各大高校的课堂中也会时不时地出现他的身影。极简主义，简化的是做每一件事的步骤，增添的是在能力范围内可做事情的数量。

看许晓的朋友圈，会发现他对图书的热爱，工作不论多忙，行程无论多满，他都会挤出时间看书。“珠海这边相对于广州来说有更多的诗和远方，晚上闲得没事干，我这人又推崇极简主义，又没电视，电脑天天对着也不想看，那就看看书吧。”当被问及他对读书的坚持时，他这么回答：“实际上看书也是分为两块，一块是功利性的，如绩效考核，营销管理，看完之后投入应用，然后不停调试；另一块则是非功利性的，这部分书就是用来增强自身修养，产生感悟，促进学习，如小说、历史著作。”看书是一种间接知识的积累，这种间接知识的积累程度够了会让许晓比其他不看书、同等体量、同年龄段的企业家走得更远，看问题更透彻。

或许是因为从事人力资源方面的工作，许晓对应届大学生有自己独特的看法，他说应届大学生最大的通病首先是缺乏责任心，干一件事情干不下去，没有回复就撂挑子走人。第二是缺乏耐心，在我们日常生活中，至少一半以上最初从事的都不是创造性、战略性的工作，都是反反复复干相似或同样的事情。但是很多人重复的事干着干着就不想干了。第三是受不了委屈。在中国能吃苦的人很多，但是能受委屈的人并不多。很多应届毕业生在工作中受了一丁点儿不公便仿佛受了天大的委屈。但是应届毕业生身上也有非常好的品质，有冲劲，追求上进，自学能力比较强，相对而言试错的成本比较低。

谆谆嘱托　殷殷期盼

作为学长，许晓对在大学校园的学弟学妹也有许多话要说：首先，要珍惜当前大好的学习时光，现在的你还有大把的时间可以学习，当你参加工作以后会发现已经很难静下心去学习了，每天必须强迫自己才能看点东西；其次，培养自控能力。很多人喜欢打游戏，不是不能打，只是不能因为沉迷游戏而荒废学习。培养自控能力，你才能感觉到是你在掌控人生，而非生活在摆布你；最后，要抓定位，不要拿高中的思路读大学，仅仅是课本上的知识是远远不够的，要发掘自己的兴趣点，深入学习，往往大学里看似“不务正业”的学生，毕业后事业做得都是不错的。单单掌握工程力学、物理化学已经不足以满足社会的需要，交叉型人才——既有工科思维，又有文科思路的人才，更能适应这个竞争压力日益激烈的社会。

作为华工的毕业生，许晓对于母校也满怀祝愿和期盼：首先，希望华工继续向世界一流大学迈进；其次，要唯才是用，保证教育平等，地区和家庭并不能决定一个人的未来；最后，希望在公共关系这方面取得更大进步。如此，相信华工的明天会更好。

许晓（右三）与学生记者团合影

SOUTH CHINA UNIVERSITY OF TECHNOLOGY

2018

華工人

睿智商海

三起三落　涅槃重生

——访重庆市超群工业股份有限公司总裁张新颖校友

■　刘桐熙　刘志强

《《《 张新颖ZHANG XINYING

［人物名片］

张新颖，广东湛江人，1960年出生，1979—1983年就读于华南工学院（现华南理工大学），现任重庆市超群工业股份有限公司总裁、铝车轮质量协会会长。

七月的午后，山城重庆带着它特有的热情和浓烈迎接我们一行人的到来。我们怀着紧张激动的心情，开始了校友访谈之旅，张新颖校友热情地接待了我们。

初出茅庐　崭露头角

张新颖1960年出生于广东湛江市，1979年考入华南工学院机械工程系锻压专业。当时的张新颖在华工算得上机械工程系的风云人物，既是班长，又是篮球队队长，还是排球队队长，在华工度过四年的青葱岁月，本打算留校任教，但由于当时的政治形势，国家要选拔德才兼备、年富力强的干部进入各级领导班子，张新颖有幸被选为省部级后备干部，到省委党校学习半年后，分配在韶关铸锻厂全面质量管理小组工作，半年后担任铸锻厂分厂副厂长。

张新颖学籍照

谈到在铸锻厂的时期，张新颖感慨道："我学习到最重要的有两点，一是开动脑筋，应用知识。二是不断学习，不断创新。"当时厂里的起重吊钩有飞边，人工很难打磨成抛物线形状，这一度成为一个大难题。张新颖运用在华工学到的专业知识，经过不断思考，固定了砂轮机，然后利用纺形轨道进行了轻松打磨。张新颖发明的这个纺形打磨磨制机在当年得到了韶关的科技进步奖，从此，厂里的工人对这个二十出头的小伙子刮目相看。

又有一次，工厂需要更新设备，设计打铁锻造基础，张新颖自告奋勇揽下了设计任务。但当真正实施时，他才意识到实际操作比想象中要复杂得多。于是他立刻从韶关返回广州，借来学弟的学生证回到华工图书馆查找资料，又到时任系主任的梁家湘老师家里请教做锤基础，老师提醒张新颖枕木是基础中最重要的部分，于是张新颖亲自跑到各个农场寻找合适的木材，之后又仔细对比烘干技术，在两天两夜不停歇的浇筑工作之后，终于做出了达到理想标准的锻造基础。

1986 年，张新颖提任为韶关汽车配件厂副厂长，但厂长并不看好这位市里"塞"来的大学生，工作不顺心的张新颖请假回广州散心，这时他碰到了以前在华工的同学简伟文。在学校时，他俩有着特殊的缘分，两位是同班同学，简伟文当班长时，张新颖是副班长；简伟文当学生会主席时，张新颖是班长，两人经常一起举办活动，关系挺不错。于是张新颖向当时还在华工读研究生的简伟文抱怨现在只能留在韶关，没有很好的发展空间，简伟文顺势推荐张新颖到他父亲那里工作，便安排他们见了一面，简伟文的父亲非常欣赏张新颖，希望他能过来工作。

刚好 1987 年开始实行三不要政策，即不要组织关系、不要档案、不要户口，可以直接从内地到珠三角工作，这个政策给张新颖有了跳槽的便利，加上简伟文父亲承诺每个月给两百多元的工资，比起当时大学生毕业普遍只有四十多元的工资来说，这可是一个大数字。于是，张新颖开始在广东佛山的中南铝合金轮毂厂开始长达三十余年的轮毂生涯。

滚滚车轮　不断前进

1987—1997：初生牛犊不怕虎

1987 年正是计划经济向市场经济变革的时期。来到改革开放前沿的南海，张新颖准备发挥自己的才华大干一场。中南铝合金轮毂厂作为全国第二家轮毂厂，是一个走在改革前沿的企业，刚进入这个陌生行业的张新颖，如饥似渴地去学习轮毂的知识。当时，汽车在中国的马路上还是很少见的，张新颖为了对铝轮毂有一个比较全面的认识，他做了一个市场调研。他将家中的收音机上的磁铁拆卸下来，在马路上用磁铁来试验汽车轮子是否是用铝做的，在对行业缺乏认识的情况下，张新颖还前往秦皇岛向一家铝轮毂厂找资料。

低压铸造是该行业的一个重难点，张新颖回到华工图书馆寻找低压铸造的专著。他钻研专著许久，可还是发现对低压铸造这门技术缺乏十分深刻的认识，他翻到书的封面，看到作者名字，灵机一动：既然自己看不太懂这本书，那为何不能让作者潘增源加入我们呢？他马上来到上海，当时潘增源只有一间房，生活有些拮据，张新颖开出数倍工资，并承诺解决他的住房和小孩的上学问题，最终说服了潘增源和他的夫人来到南海。张新颖尝到了人才引进的甜头，如法炮制将潘增源推荐的人才也带到了南海。

天下英雄尽入吾彀中。张新颖非常重视人才，他从各地引进最优秀的技术人才，聘用各高校优秀的毕业生，公司每年都会到华工等高校招聘优秀的学生，优秀的团队带来了可观的效益，到了 1994 年，中南铝已经有 50 名华工毕业生和 30 多名中南工大的毕业生，公司市值增长到了 4 亿～5 亿元。如今全国 300 多家轮毂公司有 200 家左右的负责人来自中南铝，这里可谓轮毂界的“黄埔军校”。

1992 年，张新颖带着轮毂到美国参展，看到国外高质量的产品，他发誓，“中国也能做世界一流的轮毂！”可是，雄心豪言换来的是美国人的嘲笑，他们觉得中国人做不好轮毂。1993 年张新颖再次来到美国参展，他带来了中国长城、天坛、兵马俑等具有中国特色的微缩景观模型，他的轮毂成为展览上最抢眼的产品。他的产品质量也越做越好，还得到许多欧美公司的认可。

1993 年 11 月张新颖（中）参加美国 SEMA 汽车改装展，将中国北京天坛按 1∶10 的模型作展位

1997—2000：虚负凌云万丈才

公司在逐渐壮大，所需资金也渐渐增多，引入投资者势在必行。在这个关键时刻，张新颖却因为投资者的选择与老板发生了分歧，张新颖选择了离开。1998 年底，张新颖来到了南京一个濒临破产的轮毂厂，他废寝忘食，用先进的管理和过硬的技术让这个濒死的工厂起死回生，除去每年给企业的承包费，还有不少盈利。可就在工厂势头越来越好的时候，第三年企业却抛弃了他，企业主直接收回了被张新颖苦心经营好的工厂，张新颖又一次回到了原地。

“雄关漫道真如铁，而今迈步从头越。”尽管会面对各种困难，可是不服输的精神让张新颖再次回到了佛山南海。机缘巧合下，他与摩托车老板谢健庭联手创办了华泰铝轮毂有限公司。

在山东泰安，张新颖凭着在轮毂界的声望，以及当地政府对张新颖能带来税收和就业给予的优惠政策，将一家估价 1.2 亿元的濒临倒闭的铝轮毂厂以极低的价格 3600 万元买下，此后，他们又用相同的方法在湖北天门、山东章丘、广东江门以极低甚至免费的地价建立了新厂。

在公司不断突破的同时，张新颖仍然不断去考察其他的工厂，择其善者而从之。在参观溢源鞋厂时，他看到耐克、阿迪达斯的鞋子都有不同的楼专营并由专门的人来做，他意识到了专业化的重要性，于是让各地的工厂分别负责不同公司的轮毂；在参观格兰仕微波炉公司时，他观察到格兰仕是引入的一整条生产线，这让他认识到生产线的价值。凭着敏锐的商业嗅觉，他先后成了3家美国公司、1家德国公司、1家墨西哥公司的独家供应商，迅速打开了欧美市场。到了2006年，华泰已经成为世界最大的零售铝轮毂厂，一天的销售额超过1000万元。可以说，美国的四个轮子就有一个轮毂是华泰做的，销售额也由3000多万上升到20多亿。这时候，想要来找张新颖的美国汽车公司已经数不胜数，他终于让美国人肯定了中国人也可以做好世界一流轮毂的能力。张新颖在事业不断攀升的时候，也不忘促进中国轮毂业的发展，他举办了中国轮毂设计大赛，还找来广州美院、中央美院、四川美院等一大批优秀美术生参与设计。

2006年第五届“华泰杯”国际改装设计大赛，张新颖（中）和来自德国及香港的评委合照

“华泰的宗旨是做好服务，让客户离不开我，正是这种让顾客感动的精神让华泰不断取得突破。”讲到这里，张新颖拿出手机向我们播放了《华泰之歌》，脸上也浮现着幸福的笑容。是的，华泰是张新颖的梦想，熔铸了他太多的心血，但每次提到华泰他却会有一丝惋惜。

“为山九仞，功亏一篑”用来形容张新颖和华泰再适合不过了。在公司上市的前夕，美国金融风暴席卷全球，一下子将蒸蒸日上的华泰推下了万丈深渊。其中原因，张新颖这样分析：“你一直沿着成功的路走下去一定会失败。我们的成功来得太快了，人已经到达了山顶，可是团队的灵魂却仍在山腰。思想与物质的脱节让这次失败如此彻底。”

随着金融风暴的到来，资金链的断裂让华泰失去生存的资本，而之前要投资的公司、要借款的银行此刻却不再热情。与此同时，美国的客户们资金开始紧缺，不再向华泰提交订单，这更让华泰陷入了深深的困境中。

华泰最终还是没能继续向前。

2010 至今：轮子会停下，却永远不会止步

公司在2009 年破产以后，张新颖面临着种种压力，很多人怕他想不开，可是他依旧非常乐观，每天睡得很好。

张新颖继续寻找创业机会，终于遇到了现在的投资人，他是重庆南川人，希望能够回报家乡，所以极力推荐张新颖来南川建厂。如今，张新颖与他的团队来到山城重庆，南川区政府零地价给了张新颖18 万多平方米筹备重庆市超群工业股份有限公司，现在新工厂正在试产中。张新颖着眼于轻量化轮毂的发展，以前他要做最大的、最酷的，如今他紧跟时代潮流，他要做最环保的、最轻的，现在张新颖的公司已经创造了多个世界之最，不仅拥有世界上同等尺寸最轻的轮毂，还是全世界改装车轮里的 NO.1。目前，超群公司的轮毂年产量是30 万个，但这已经远远不能满足市场的需求，之后张新颖将把工厂搬进46 000 平方米的厂房里生产，而到2021 年，厂房面积将达到13 万余平方米，届时工厂的年产量将达到300 万个轮毂，公司的年产值将达到5 亿元。

张新颖（左一）在上海参加 CAW 铝轮毂质量协会上海嘉年华会获“金质奖章”

“山重水复疑无路，柳暗花明又一村。”张新颖在新的事业中不断创新，不断突破，不断前行。

寄语学子

作为华工校友，张新颖对师弟师妹们抱有很大的希望。他总结自己三十多年的轮毂生涯，从1987年到1997年的中南铝合金轮毂厂，再到1997年到2000年的南京轮毂工厂，从2000年到2009年的华泰铝轮毂有限公司，再到现在的超群工业股份有限公司，一路走来，三起三落，他说：“虽然说失败是成功之母，但是这个世界还是胜者为王。如果想要成功，一定要抓住机会，就算你有满身本事，准备厚积薄发，但是积得太多了可能就发不出去了。理想归理想，不能只看眼前，没有舞台就没有发展。要记住，机不可失。”

张新颖（右二）与学生记者团合影

HE XIAOQING **何晓庆** 〉〉〉

［人物名片］

何晓庆，1980 年入读华南工学院（现华南理工大学）机械制造与自动化专业，1984 年毕业后就职于南京汽车厂，从事跨国合作项目业务；2004 年南京汽车厂和上海汽车厂合并后，被上汽新股东委派为英国分公司董事长兼总经理；2011 年投身奇瑞汽车有限公司，2014 年出任奇瑞汽车有限公司副总经理（负责国际销售市场部）；2017 年任奇瑞汽车有限公司副总经理（负责国内销售市场部）至今。

一片冰心在玉壶
满腔热血闯江湖

——访奇瑞汽车副总经理何晓庆校友

■ 陈木娇

“青弋秋江接赏溪，赏心人望竹园西；青衫草色兼晴雨，白荡开花山鹧啼。”明代著名文学家、戏曲家汤显祖将安徽芜湖的美景赋唱成诗。2018 年仲夏，我们一行来到了位于芜湖的奇瑞汽车有限公司总部，走在生产车间里，精湛的匠心工艺和自动化的工序给我们留下了深刻的印象。工匠精神出精品，而今奇瑞汽车公司的产品覆盖了乘用车、商用车和微型车等领域，已经连续九年蝉联中国自主品牌销量冠军。

参观了生产车间后，在走向何晓庆办公室的路上，恰逢一小批员工下班，他们穿着蓝色的工作服，队伍整齐而又没有拘束感，时不时与身边的伙伴谈论着，洋溢在脸庞上的笑容是那般坚定自信。到底是什么样的企业底蕴、什么样的管理者，才能给予员工一种自信大度的气质，这大大增加了我们对何晓庆校友身上故事的好奇心。

办公室里，我们见到了何晓庆校友。他从

繁忙的工作中抽身过来，脚步沉稳有力，看上去比实际年龄年轻几许，一看到我们就用洪亮的嗓音热情地打招呼，举手投足处都透着自信。时隔多年，初出茅庐的大学生成为一名著名汽车品牌的管理者，关于华工之缘，关于成长，关于就业，关于人生，他和我们分享了很多故事。

千里求学　结缘华园

1980 年，何晓庆以优异的成绩考进了华南工学院机械制造与自动化专业。谈及为何选择华工和机械专业时，何晓庆直言："当时学习界有一条 '学好数理化，走遍天下都不怕' 的口号，但其实我刚开始并不知道理科和工科的区别。"谈及青葱岁月，何晓庆的脸庞上始终带着淡淡的笑容。

20 世纪 80 年代，信息远远没有今时发达。何晓庆在甘肃参加高考，对填报院校的信息了解不多，耳熟能详的学校有兰州大学、清华大学、北京大学、南京大学以及南方的中山大学和华南工学院这几所。他回忆道："当时华南工学院是我的第二志愿，机械系是我报考的第一个专业，阴差阳错般被录取了。"就这样，何晓庆结下了他和华工的缘分。

跨越南北的求学生涯，从西北文化到岭南文化，从刻苦奋斗的高中生活到丰富多彩的大学生活，所有的一切都带给何晓庆前所未有的多样化体验，这种体验首先体现在南北饮食文化的差异上。"记得第一天在华园食堂喝鱼粥，我一尝，觉着怎么是馊的呀，当时也没敢直接问同学，后来才知道这鱼粥里面放了盐、放了鱼，鱼有点腥、有点咸，我之前在甘肃从来没喝过这样配料的粥，后来喝习惯了也就喜欢喝鱼粥了。"谈起初到大学时的种种趣事，何晓庆滔滔不绝。

元代散曲有云："碧湖湖上柳阴阴，人影澄波浸，常记年时欢花饮。"少年时期的美好，此去经年也难以忘怀。说起初到华园的印象，何晓庆坦言："华工太美了，有山有水，当时房子还没现在这么多，景色很美。"还有太多尘封在岁月长河的故事，犹如一卷诗书散发着清香，微微打开，就能轻易地打开何晓庆的话匣子，关乎学习，关乎课余生活。

在华园求学期间，何晓庆丝毫不敢懈怠学业。机械系的课程任务繁重，何晓庆的生活可以用 "三点一线" 来概括，白天和晚上只要有空余时间，基本都花在看书学习上。当时留给华园学子自习的课室有限，学子们看书学习常常需要提前占领位置，但提前占领的位置有时也会被“霸抢”，位置经常很难找。在宿舍学习难以集中精力，何晓庆就经常背着书包一个个楼层、一间间教室去找位置，只要是能自习的地方都留下过他的“足迹”。“现在回想起来，求学的岁月太难忘了。”何晓庆笑言：“千淘万漉虽辛苦，吹尽狂沙始到金。”这种在求学期间养成自律勤勉的好习惯，在何晓庆日后的学习、工作和生活中仍处处彰显。

当时华工的课外活动也没有现在这么丰富，社团只有学生会和团委，学习之余，何晓庆爱打羽毛球，周末闲暇时光在球场上尽情地挥洒着汗水，释放着青春激情，冬天的时候，游泳池人少，他经常一个人去冬泳，锻炼身体。

20世纪80年代，电视机是“稀有品”，华工当时每层楼房只有一台电视机，远远不能满足师生的观看需求。当时何晓庆住在西六舍2楼，隔壁的一位老师家里买了个电视机，他有时间经常会到老师家里看电视。1981年中国女排冠军赛、足球比赛和各种经典的电视剧等还记忆犹新。

同窗情谊在何晓庆的求学生涯里也留存了很多难忘的趣事。“苹果在南方价格远比北方昂贵，我家住在西北甘肃，苹果算是很常见。假期后，我从家里回学校时，经常会带很多苹果和西北特产，每次一回到宿舍，苹果就像是珍稀的珠宝，被舍友疯抢。”回忆起来，何晓庆暖暖地笑着。读书期间，他的一位甘肃老乡同学特别喜欢跳舞，何晓庆在周末的时候经常会陪老乡参加舞会。“我其实不会跳舞，很多时候去看看别人跳舞，感觉也蛮好玩的。”时隔多年，多少人已经在街头转角处各奔东西，犹有那寄存于心底的同窗情谊，仍然在心头处荡起层层涟漪，宛如月光铺面，唯美隽永。

何晓庆（左二）接受学生记者采访

师者风貌　真挚亲切

中国有着悠久的尊师重道的传统，在古代就有“人有三尊，君，父，师”的说法。“师者，所以传道授业解惑也。”短短言语，已能表达师者对学生成才成功不可估量的作用。在华园求学期间，除了同窗情谊，回忆起良师也让何晓庆备受感动。

何晓庆记得，当年毕业答辩他被分配到上午时段的最后一位，由于前面的同学耽搁了时间，轮到他时已经临近午饭时间了。何晓庆心中忐忑不安，他苦苦准备许久的毕业设计，一心想要争取优秀论文。如果老师匆忙赶场，只对论文作简单点评，难以问出毕业论文的精髓，“评优”计划也就泡汤了。幸运的是毕业答辩老师针对论文的各个细节问了很多问题，给予了何晓庆充足的答辩时间，事前充分的准备使他面对答辩的问题应对自如，最终获得优秀。“心底很敬佩老师的师德师范，耽误了老师用餐也觉得不好意思。”几多春秋，仍在何晓庆的心中闪耀着光芒。

德高望重的恩师在每个人的人生中都是一个引路者，他虽然不能直接告诉你最适合哪一条路，但是师者身上的专业知识素养、人格品质、逻辑思维能力宛如那星光璀璨的月夜，总在你生命的长河中带给你醍醐灌顶的指点。毕业多年，何晓庆一直保持着学习新知识的思维习惯，这是在华工读书时期潜移默化养成的，他说，华工的老师教会了他数理化应用的逻辑思维能力，将专业知识和其他东西融会贯通的学习能力，这种“学到老，活到老”的华工人精神，低调却足以创造天地。

职场辗转　闯荡江湖

从华南理工大学毕业后，何晓庆无意回到甘肃发展，一心想要在外地闯荡一片属于自己的江湖。当时上海上汽和南京汽车厂在机械系的圈子里很有名气，何晓庆最后选择到南京汽车厂工作，然而最开始并未能如意地从事汽车机械方面的岗位，而是开始了他辗转国内外的项目洽谈的“江湖”之路。

当时公司和意大利正好有项目合作，何晓庆在苦学了几个月的意大利语之后，就开始了从事国际贸易洽谈项目这方面的工作。为进一步增强业务水平，1986 年何晓庆到意大利参加了五个月的培训，开始慢慢地走上了工作的正轨。“当时的中国科技远不如现在，我的主要工作就是洽谈项目合作，将意大利的汽车技术和先进设备引入中国。”这种跨越国界的项目洽谈工作逐渐锻炼了何晓庆谈判投资合作的能力，他越来越适应各种跨国合作的项目。

从意大利回到南京汽车厂后，恰逢意大利有意愿与南京汽车厂合资，何晓庆便开始了跨国合作项目的另一个职业生涯。他作为南京汽车厂的主要洽谈人，游走各种合作项目的会议与意大利人谈合资生意，最终促成了十多家合资企业在南京落建，成为名副其实的 “投资谈判老手”。

2004 年，上汽集团以6700 万英镑购入英国汽车品牌罗孚75、罗孚25 两款车型和全系列发动机的知识产权，南京汽车厂以5300 万英镑收购了英国罗孚和发动机生产分部，之后上汽和南汽合并。在公司大运动的背景下，公司和英国的商业往来愈加密切，当时何晓庆被派赴到英国工厂担任海外经理，这一干就干了三年。

尽管一直从事着跨国贸易项目的工作，何晓庆却从未离开过汽车行业。他认为谈跨国汽车合资项目，对于发展中国的汽车行业有着不可估量的作用。“当时中国的汽车技术和设备远远不能和现在相比，我们只能走出去，才能更好地引进来。”何晓庆直言。

投身奇瑞　再攀高峰

在南京汽车厂的成功没有让何晓庆停下辗转与奋斗的脚步，他心中一直对汽车行业抱有 “初心”。“毕业之后，我发现我非常喜欢我的专业，汽车行业就是我的坚定选择。”怀揣一份汽车情结，2011 年何晓庆进入奇瑞汽车有限公司工作，开始了职业新旅程，当时他就已经参与了奇瑞旗下 “路虎”品牌汽车的谈判工作，主要负责并购和合作这两大板块。

之后，何晓庆在奇瑞稳打稳扎，除了交接公司的并购合作工作，还从事了十个月人力资源的工作。2014 年，何晓庆出任奇瑞汽车股份有限公司副总经理，专注打造奇瑞汽车的国际化品牌。在国际市场经验丰富的何晓庆，带领奇瑞在海外市场开拓方面创下抢眼业绩，使奇瑞出口保持高速增长，更是取得了2015年奇瑞汽车出口第一的佳绩。现今，奇瑞汽车已成为中国品牌在海外的一张名片，奇瑞汽车2001年在海外卖了10辆，2017年卖了10万辆，这是个跨越式的进步。谈及奇瑞汽车的国际化，何晓庆言语中满满的自豪感。

2017年奇瑞内部人事调整，原分管国际销售的何晓庆转为接任国内销售岗位。从国际市场转向国内市场，何晓庆将奇瑞的国际市场资源和成功经验输送至国内，助推国内汽车产品升级和品牌形象的提升，创造销量新业绩。在分管奇瑞国内市场期间，何晓庆在2018年带领奇瑞汽车成功入选新华社民族品牌工程，这将进一步打开奇瑞的国内市场，也是奇瑞从民族品牌走向国际品牌的有力渠道。

在何晓庆看来，品牌从根本上讲就是消费者对产品的口碑，消费者如何评价产品决定了品牌调性的好坏。随着中国经济的转型，国家越来越重视塑造品牌，提升国际竞争力，然而中国企业太讲究包装，过多的包装就成了产品某种缺陷的伪装。何晓庆认为如果一个企业的品牌意识就是过分包装，走短路，走捷径，消费者对企业的评价就是一个投机者，这样是做不成品牌的。“经营企业和做人是一样的道理，你怎么做就怎么得，这是一个长期过程，伪装不得。”这句句箴言，无一不体现着一个成功企业管理者的管理气魄和社会责任感。

面对前段时间沸沸扬扬长春长生“假疫苗”事件，何晓庆说，企业和产品的质量是骗不了人的，产品有什么性能，最后就能得到什么样的消费者口碑，企业不要过度包装，最后被发现只会损失更大。一个优秀的企业，必然是对社会、对消费者负责的企业。古人云：“有节骨乃坚，无心品自端。”有气节有责任感的企业方能长远，何晓庆坚守于心。

饮水思源　寄语晚辈

“鸦有反哺之意，羊有跪乳之恩。”何晓庆深知其中之理，他也一直通过各种方式回馈母校。2018年5月19日，华南理工大学汽车行业校友会正式成立，何晓庆携奇瑞新款能源汽车参加了校友会举办的展会，正式成为华工汽车行业校友会的成员，并当选为汽车校友会的轮值会长。这样一个有着学生时代情谊温度的团体，这种同为华工人的饮水思源的理念让我们备受感动。

采访结束之时，何晓庆在祝愿册里写下了对华工的真挚祝福：“愿母校人才辈出。”如同作家刘震云“一句顶一万句”的标题，其中的寓意便是千言万语化成寥寥数语的精华。这位优秀的华工人，带领着企业在中国自主汽车品牌中占领一片天地。他身上对汽车行业“一片冰心”的执着信念，他身上的勤学敏思、砥砺前行闯荡江湖的侠骨风范，是对“博学慎思　明辨笃行”的精神的最有力诠释。正如《华工之歌》所颂：“云山苍苍，珠水泱泱；华工吾校，伟人遗芳；前贤创业，后人图强；崛起南国，培育栋梁。”何晓庆是无数华工学子的榜样，也是中国社会的栋梁之材。

“一片冰心在玉壶，满腔热血闯江湖”是何晓庆几十年来驰骋海内外职场的真实写照，他带给我们后辈的嘉言懿行，我们听之，念之。愿所有华工人都如何晓庆校友一样，坚守信念，奋发图强，勇于追求自己想要的人生。

何晓庆（左三）与学生记者团合影

人生如徒步：
探索见精神　磨砺知品质

——访广东唯美集团常务副总裁谢悦增校友

■　吕锐

《《 谢悦增 XIE YUEZENG

［人物名片］

谢悦增，广东澄海人，中共党员。1992 年毕业于华南理工大学无机非金属专业，高级工程师。现任广东唯美集团常务副总裁，广东家美陶瓷有限公司董事长、总经理，重庆唯美陶瓷有限公司公司董事长、总经理。兼任中国陶瓷工业协会副会长，广东省装饰行业协会副会长，东莞市机械行业协会副会长，东莞市科学技术协会第六届委员会委员，清远市政协委员，广东清远海外联合会副会长，清远市陶瓷行业商会会长，清远市工商联总商会副主席等职务。

火热的七月，我们采访团一行来到东莞唯美集团总部。唯美集团是一家产销建筑陶瓷的企业，是行业内的龙头企业，旗下“马可波罗瓷砖”品牌享誉国际。在采访之前，我们参观了位于唯美集团总部的中国建筑陶瓷博物馆和东莞市非公企业党建展览馆，对唯美的文化创新以及以党建引领企业发展的企业发展特色有了更深入的了解。尤其是纯手工制作的马可波罗文化陶瓷系列产品，将中国传统文化及书画艺术融合到瓷砖装饰的创作中去，让我们亲身领略到了唯美集团“为实为适，唯新唯美”的营销理念。

初见谢悦增校友，平易近人、笑容爽朗、风格朴实干练。1992 年从华南理工大学毕业至今二十六年，他从一个初出茅庐的大学生成长为一位杰出的企业家，其中的酸甜苦辣他都一一跟我们分享。

筑梦华园　青春无悔

谢悦增1970年出生于广东澄海，因父母工作原因，从小在韶关长大。1988年他以优异的高考成绩入读华南理工大学。在谈及如何与母校结缘时，他直言不讳："我从小就喜欢工程技术类的东西，当工程师是我一直以来的梦想。不论是'科学技术是第一生产力'，还是'富国强民之根本在于工'，都说明工科对于国家的发展至关重要。华工在全国的知名度很高，尤其在广东地区，读文科上中大，读工科上华工，这是我从初中时候就知道的。"

在华工，谢悦增度过了充实难忘的四年青春时光。有趣的是，今天已成为陶瓷技术高级工程师、陶瓷行业杰出企业家的谢悦增，在进入华工前，居然不知道无机非金属专业是做什么的："老实说，刚开始有点后悔。无机非金属，一般指水泥、玻璃、陶瓷。毕业以后去水泥厂的人最多，从事陶瓷行业的并不多。"毕业后，谢悦增来到水泥厂和玻璃厂参观，恶劣的工作环境、噪音大、温度高让他望而却步，转身选择了陶瓷厂，就这么简单的原因，谢悦增与陶瓷结下了美妙的缘分。"一直到现在，这三个行业里我认为最好的还是陶瓷。"

谈起当年，谢悦增饱含深情的回忆起当时的老师王迎军给大家上课的情景，王迎军还是他毕业设计时的导师，时光悠悠，犹在昨日。"华工人当时有个外号叫'二流子'。"他笑着回忆道，一开始他觉得这外号一点都不好，但对比当时其他学校的外号"伪君子""土包子""假洋鬼子""花花公子"，还不算太差。后来他才发现"二流子"是华工人的自我调侃，体现的正是华工的工科精神——随意、不做作、实打实，不刻意伪装。这种工科精神正契合他所秉持的人生态度，他也因此在专业学习中如鱼得水。这种精神后来也在工作中得到了充分体

谢悦增在办公室

现——不管做技术还是做管理，都体现出实实在在的工业精神。

踏实工作　锲而不舍

1992 年谢悦增毕业时，他的就业目标特别清晰——民营或者外资企业。当时在陶瓷专业方面表现优秀的同学基本上都去了佛山，因为当时佛山是陶瓷产业的聚集地，技术相对成熟。但是谢悦增经过一番调研后发现，东莞的陶瓷企业虽然规模小，但发展空间大，可以尽快地发挥所学，这样更具有挑战性。挑战更大，机会也就更多。就这样，他顺利进入了东莞唯美装饰材料厂（唯美集团前身）。现在回忆起来，谢悦增感慨地说："入对行很重要，不管是公务员、外资、国企还是民企，要审时度势，认准有发展前景的行业。"在 1990 年，邓小平南方讲话后掀起了一股建设热潮，城镇化进程加快，房地产蓬勃兴起，建材行业发展迅猛，只要肯拼搏肯奋斗，在这个行业内的企业和个人都有很多的成长机会。因此，行业大趋势很重要，也就是现在所说的 "风口"。

唯美集团工作人员带领学生记者参观中国建筑陶瓷博物馆

进入职场后，谢悦增对自己的要求非常严格，他专注、执着，做任何事情目标都很清晰。"哪怕只能扫地，也要做那个扫得最快最干净的人，选个扫地班长也要选我。"他用朴实的语言揭示了做人做事的深刻道理，踏实勤奋也得到了最好的回报：毕业不到半年，就当选了车间主任；又是不到半年，他所在的车间就成了厂里的明星车间；四年后，他已经是厂长。随着唯美集团不断发展壮大，先是兼并了东莞其他陶瓷厂，并在东莞高埗自建生产基地，之后逐步向外扩张——清远，江西、重庆……直至 2017 年走出国门、走向世界，在美国田纳西州，建设了第一个由中国企业投资建设的陶瓷生产基地。谢悦增也从生产车间技术人员，到主管企业生产，再到如今全面主持集团产品研发和市场营销，虽然角色不断发生着转变，但不变的是他兢兢业业、专注专业的匠心。在他的领导下，唯美集团品牌知名度快速提升，2018 年世界品牌实验室在京揭晓“中国500最具价值品牌”榜单，马可波罗瓷砖以406.75亿品牌价值，名列榜单第109位，蝉联中国建陶行业第一，唯美集团也成为中国泛家居行业唯一入选“国家品牌计划”的企业，企业员工已达到8000多人。谈到如何通过创新擦亮品牌时，谢悦增说创新其实不难，主要是两个方面：一是产品创新，二是管理创新。能取得好成绩必然是无数个“第一”积累的。好的品牌不仅是要让市场接受，更重要的是要给消费者带来实实在在的产品和服务，让消费者感受到品牌价值。一席话，大道至简，道出了经营的奥秘。

生于夹缝　锐意进取

谢悦增在唯美集团特色产品“中国印象”系列墙前留影

干事创业的过程并不是一帆风顺的，不论是企业还是个人的成长，都是一步一步爬坡越坎、攻坚克难走出来的。唯美集团因不在产业聚集地，起步困难，一开始效益不好，没有投资的能力。1994 年，唯美公司处在最艰难的时候，甚至三个月没发过工资，有的人在当时辞职了。但是，留下来的人都有一股劲儿，那就是求生存、求发展，下定决心，要在困难中谋求发展、在发展中克服困难。很多其他同行当时效益比较好，求变意识自然就减弱了。为了生存，唯美集团最早进行品牌化运营，最早进行系统化营销，率先建立了经销网络。在别的企业利用成熟的机械设备大批量生产亮面抛光砖时，唯美另辟蹊径做起了国外流行、国内还属于新兴风格的仿古砖，没想到一炮而红，在这个小市场里做到了大份额，马可波罗仿古至尊的品牌地位就是在那个时候树立起来的。在唯美发展过程中，时时处处都体现出了这种“差异化”——与众不同，不求最好，但求不同。“厂商一体化、利益长久化”也是唯美独树一帜的风格，这使得唯美获得了一批忠实稳定的经销商队伍，包括后来赞助CBA男篮、筹建中国建筑陶瓷博物馆等等，差异化其实就是创新，“创新也是外部环境倒逼出来的”。谢悦增补充道：“再拿机械化方面来说，以前我国机械自动化水平比国外低，是因为劳动力成本较低，比机械化成本低。随着人口红利消失，劳动力成本不断上涨，企业只能‘机器换人’，降低用工成本。”

谢悦增接受学生记者访谈

中国的工业发展仅仅二三十年，德国、日本的工业发展是几代人累积的结果，因此中国在工业方面还有很大的开拓空间。在金融、互联网快速发展的环境下，唯美集团作为成功的实体行业代表一直保持上升姿态。唯美坚守在制造业，相信制造业的定力，在某种意义上成为对国家发展弥足珍贵的一种健康的力量。“唯美制造带着‘为中国瓷砖打造出世界知名品牌，美化人类生活’的企业使命，让中国陶瓷重新赢得世界尊崇。”

日行跬步　终至千里

2015年至今，连续四年，谢悦增每年都会带领团队徒步拓展三天，挑战108千米徒步，重走丝绸之路。这不仅是品牌活动，更是在锻炼队伍，通过挑战个人耐力极限，训练团队的意志力、协同力和组织能力。活动的灵感来自于他在清华大学读EMBA时参加过的一次徒步，虽然强度不大但触动很大。他认为，干好事业就像徒步，不是一天两天，不像加速跑一下就能跑完，而是需要心中有方向、有信念，需要坚持不懈和顽强拼搏的意志。谢悦增带领的营销团队，在行业中被称为“唯美铁军”，过去的三年里，唯美铁军相继征服了敦煌、嘉峪关和张掖三大站点，九天共徒步324千米，不仅意味着成功走完了河西走廊，更象征着属于马可波罗瓷砖的烙印，已经牢牢印在了丝绸之路这条贯通中西的通道上。

2017第四季徒步活动，唯美铁军在环境艰苦的冷湖镇展开探索之旅，其条件之艰苦堪称马可波罗史上之最。谢悦增谈道，青海之行是马可波罗重走丝绸之路徒步活动四季以来，环境条件最艰苦、路线设计最具挑战性的一次。全体唯美铁军迎难而上，出色地完成了108千米的徒步目标，尤其是第一次参与活动的经销商客户们，在三天的徒步征途里，都用行动与毅力亲身演绎了马可波罗的探索精神。唯美铁军需要不断激发潜能、锻造钢铁之师，才能在风云变幻的市场环境中，用持之以恒的毅力和韧性战胜一切艰难险阻，不断发展壮大。

谢悦增带领团队重走丝绸之路

寄语华园　勉励后辈

谢悦增感叹华工发展迅速的同时，也建议大学生要多去参观了解不同的企业和行业如何运作，这样才能尽快地适应社会。大学生对未来没有清晰明确的目标，在他看来是很正常的事情，就像在一个行业几十年的人都还不能完全肯定行业的走向。谢悦增鼓励学弟学妹们多创新、多尝试，如果有可能可以自己创业，就算失败也是一种很好的经历。他在麻省理工学院和斯坦福大学参观学习中看到，顶尖大学实验室里研究着全球最尖端的技术，斯坦福大学咖啡厅里两个学生拿着商业计划书就可以去谈融资，他说："机会都是留给有准备的人，把自己眼前的事情做到最好，机会自然就到你的眼前。"

最后，谢悦增寄语华园学子："工作如徒步，事业如徒步，人生如徒步。"如果不主动走出舒适区，迎接挑战，人生就会很枯燥，就像在大学校园里，不可能天天都有意外惊喜，大多数时候学习还是枯燥的。但每天都在走，每天都在进步，有一天回头一看，原来自己已经走得这么远了，在徒步过程中经历磨炼、发现美好，来之不易的果实品尝起来更加甘甜。

谢悦增（中）与学生记者团合影

HUANG HAO **黄 皓**〉〉〉

［人物名片］

黄皓，广东广州人，1993 年 9 月至 1998 年 7 月就读于华南理工大学建筑学院建筑学专业。大学毕业后就职珠江外资建筑设计院。2008 年入职富力集团，担任富力设计研究中心设计院的副院长，2015 年任地区总经理的岗位。现为珠海富力房地产开发有限公司董事长。

超越自我　勇创未来

——访珠海富力房地产开发有限公司董事长黄皓校友

■ 朱志杰　史明波　寇晓晖

珠海日荣大厦，忙碌而充实的一天开始了。一路上听了黄皓校友许多的传奇故事，意犹未尽又不免惊叹，这该是一种怎样的人生？迫不及待，想要一睹尊容，学习经验。如愿以偿，采访在如好友相聚般的愉快氛围中展开。

慈父循诱　家庭教育助成长

谈及父亲，黄皓眨了一下眼，目光变得清澈起来："父亲的谆谆教诲，让我体会到教育的目的是培养一生的志趣和操守。"黄皓的父亲农民出身，高中毕业后参军，而后在一家国企公司担任高管。特殊的经历造就父亲不凡的格局观，他对国家政策和社会问题具备独到的理解和积极的心态。面对烦恼，父亲从不抱怨，而是以身作则乐观处之；教育孩子，父亲并非简单停留在卷面成绩，而是因材施教，帮助孩子实现自我发展。与此同时，黄皓很早便跟随父亲接触成人的圈子，聆听长辈们的交流，耳濡目染之下开阔了视野。父亲的言传身教俨然在黄皓心里播下了一颗真善美的种子，在父亲的辛勤灌溉和黄皓的悉心呵护下，这颗种子逐渐生根发芽，而后茁壮成长为一棵参天大树。

黄皓无疑是要追随父亲的脚步，“会当凌绝顶，一览众山小”，做一个站在顶峰上俯瞰世界的人。

不忘初心　天才少女苦作乐

在以成绩论英雄的学生时代，黄皓一直是大家口中的“别人家的孩子”，她成绩优异，不负众望，中高考均顺利保送名校。在大学的十字路口，黄皓选择了华南理工大学建筑学专业，由此拉开大学时代的序幕。

凌晨一点，夜笼罩着华园，但建筑红楼通明的灯火就像一道光划破天际。论及求学生涯，身兼学生会主席的黄皓坦言，大学生活辛苦而充实，并不是那么浪漫，建筑学不同于其他专业，不仅拼天分更要拼勤奋，熬夜画图是常态，她在华工最难忘的就是不停地画图改图。“建筑学是一种美术表达和空间思维的集合，从一张白纸到完成作品的过程是极其艰辛的。”建筑设计的独立自主性意味着没有可参考的先例，每一步的判断都具有极强的主观性。这容易让人失去方向，产生焦虑。“我们往往在作业提交截止时间的前一刻，纠结地交上还不满意的作品。”周而复始的“千淘万漉”与“吹尽狂沙”，进一步提升了黄皓的专业技能与意志品质。

黄皓在华工粤港澳大湾区校友会大联盟成立晚会上表演

“路漫漫其修远兮，吾将上下而求索。”毕业后，她毅然投身建筑设计行业，向“成为一名优秀建筑师”的目标昂首迈进。

不辱使命　挑战自我创未来

黄皓旅游照

“人生就是为了登上山顶那一瞬间的开心、兴奋和成就感，而去经历数不清郁闷的时期和诉不尽夜不能寐的思考。”为了登上心中的山顶，黄皓一直在向上攀爬。

从华工毕业后，黄皓于1998年进入一家国企上市公司设计院，从一名普通的设计人员做起，十年磨一剑，凭借丰富的项目经验拿到了多项省级优秀作品奖项，赢得了大家的肯定。2008年黄皓拿到高级工程师资格证书，不久转型到富力地产从事设计管理工作。2015年，富力地产决定组建珠海分公司，急需一名干将。大任降临，黄皓当仁不让，前往珠海担任总经理，着手拓展项目。初次踏足珠海这片陌生的土地，困难可想而知。重压之下，这名女将反而以迅雷不及掩耳之势完成了任务。三年来，珠海富力的办公人员从个位数扩增到三位数，业绩从0发展到40亿的销售目标，市场范围从珠海拓展到中山、江门和新会区，强势发展，连续三年得到总公司表扬嘉奖。珠海富力的扬帆前进，离不开掌舵者黄皓的勇气与智慧。

黄皓几乎没有假期，不是在办公室就是在去往各个项目中心的路上。黄皓调侃道，三年来自己最经常做的事就是在天上飞和地上开会。被问及如何看待“逆商”时，黄皓顿了顿说：“我的逆商来自于责任感。”她觉得，个人私事有求于人，人不帮便罢。但如果是涉及公事，就必须要有不完成任务不罢休的责任心和使命感。因为这已经不单是她自己的事情，而是与团队息息相关的事情。这种事情会让她很焦虑，如果失败了她会去尝试另外一条路，直到成功为止。

“不困于过去，不畏惧将来”是黄皓的微信个性签名，也是黄皓对待人生的态度和珠海富力成长状态的真实写照。2013年11月1日，富力抢滩珠海，以4.2亿元竞得横琴1.15万平方米办公商业酒店用地。就是在这块地，2016年6月的登一楼开盘仪式，主持人话音刚落，放出的房源被轮候区的客人一抢而空，一天卖了12亿。第一炮，响彻云霄。

刚柔并济　琴棋书画现才情

“气质美如兰，才华馥比仙”用来形容黄皓一点也不为过。她的绘画功底在建筑图纸上一览无余；她的翩翩舞姿在华工舞蹈队令人驻足；她的曼妙歌声在省实合唱团余音绕梁。

“腹有诗书气自华。”黄皓酷爱阅读，而在浩渺无边的书海中，黄皓钟情于科幻并颇有自己的一番见解。“科幻可以让人暂时脱离现实生活。而置身浩瀚的宇宙，让人觉得自己只不过是宇宙中渺小的颗粒。相比之下，现实的烦心事就显得微不足道了。”每每想到这，黄皓顿觉“风物长宜放眼量”，转而以更加自信的姿态去解决遇到的棘手问题。

文学艺术陶冶人的心性，当与人一生相伴。黄皓认为，年轻的时候就应该开始培养兴趣爱好。虽则事业繁忙，或无暇于琴棋书画，但事业有终结期，而兴趣爱好终会伴随我们到生命的尽头。

展望未来　殷殷嘱托寄学子

谈及对未来的规划时，身兼珠海富力董事长、珠海慈善总会荣誉会长、华工珠海校友会副会长等数职的黄皓，对自己所在的三个组织寄予了殷切的厚望：

黄皓（中）在富力地产珠海公司2016年终表彰大会暨2017迎新大会上留影

作为珠海富力的董事长，黄皓希望处理好与本地企业的合作共赢关系，以便增加更多的合作项目，造福珠海人民。同时，她也期盼在自己的带领下，把所有员工拧成一条绳，朝发展目标继续高歌猛进。

作为珠海慈善总会荣誉会长，黄皓将继续在慈善公益上身体力行。珠海富力自2018年进军慈善公益领域以来，成立了珠海慈善总会富力慈善基金会，在扶贫和公益方面纵深推进，为所在城市和地区做出了杰出的贡献。

而身为华工珠海校友会副会长，黄皓建议校友们多交流，期盼在校友会的带领下，整合校友优秀资源，推广华工科研成果，以便更好地服务校友、服务母校。此外，黄皓建议母校要继续加强和企业的互动与合作，扩大母校在社会上的影响力，多措并举，让社会了解华工的科研能力与教学能力的同时，整合实践资源，丰富实践内容，创新实践形式，帮助学生增强实践能力，树立家国情怀。如富力集团于2017年12月20日与华南理工大学土木与交通学院签订了产学研合作协议，并捐赠50万元冠名赞助华南理工大学承办的2018年第十二届全国大学生结构设计竞赛。

正所谓"江山代有才人出，各领风骚数百年"，黄皓祝愿师弟师妹能够脚踏实地干实事，不忘初心勇往前，敢于挑战并超越自我，创造属于自己的未来！

黄皓（左三）与学生记者合照

注：本文部分内容参考《富力黄皓：淡柔情于俗内　负雅志于高云》和《富力，来得刚好》。

SOUTH CHINA UNIVERSITY OF TECHNOLOGY

2018

華工人

工匠本色

以奉献演绎华章
用激情成就梦想

——访蜀渝建安有限公司党委书记罗勇校友

■ 刘潇

《《罗　勇 LUO YONG

［人物名片］

罗勇，1966年2月出生，1982年9月入读华南工学院（现华南理工大学）机械一系汽车专业。1986年7月入职四川石油管理局，在石油系统多个单位、部门和岗位工作，现任四川蜀渝石油建筑安装公司党委书记，华南理工大学四川校友会会长。

“不好意思，不好意思……昨天在宜宾没赶回来，最近单位事情多忙昏了头！”初见罗勇校友，是在四川校友会的聚会上，还未落座，便忙不迭请起“罪”来，眼前的他笑容满面，与一众师弟师妹热情寒暄，十分亲和。此时正值川蜀地区暴雨灾害，防汛形势严峻。采访前，罗勇校友接连数日奋战在抢险第一线，见面时却依旧神采奕奕、热情饱满，正如他自己笑言：“只要投入工作中就兴奋，像打了鸡血一样！”

作为华工1982级机械系汽车专业的校友，罗勇已毕业三十余年，从青葱岁月到知命之年，从天之骄子到如今的国家干部，眼下，他不仅是蜀渝建安有限公司的党委书记，也是华工四川校友会的会长；不仅是一名身经百战的“石油人”，亦是华工四川校友大家庭的“主心骨”。回首来路，他肩上的担子愈发沉重，但更多的却是满心感恩：“一直以来，得到太多别人的帮助、支持、赏识，所以有机会去付出、去奉献，还计较什么得失呢？”

自强是青春的“通行证”

“为人民服务”，对于很多人来说，这五个字可能只是嘴边常说、耳边常听的一句口号，而对于罗勇来说，这却是从小耳濡目染的成长环境和扎根心底的信仰。罗勇的父亲是一名“焦裕禄式”的党员干部，在老家县城深受群众爱戴，在他13岁时便因病离世了。受父亲的影响，他毕业后为央企服务了三十余年，成为一颗风吹不倒、雨淋不锈的刚毅“螺丝钉”，受家风熏染，他的两个妹妹作为党员干部，也在各自岗位上为党的事业默默奉献、努力奋斗。

自小，罗勇深知母亲一人拉扯五个孩子十分辛苦，早早懂得“穷人的孩子早当家”的道理，因此他抓住一切机会学习，不断提升自己，从不放弃自强自立的心。“高中时候，我家离学校有十里地，我从来不走城里，一直绕着河边走，每天一个人在河边大声地读英文课文，后来我是大学班上英文最好的。”罗勇忆起中学时期拼命读书的往事，语中带着几分自豪和怀念，“对于那个时候的我们来说，学习真是一种快乐和享受！”

罗勇（后排左三）1984年在广东莲花山与同学合影

除了在功课上从不懈怠，罗勇在假期也会打打零工，帮衬家里。“我经常利用自己的英文特长，假期帮一些工厂做翻译的活计赚取酬劳。”在华工读书时，罗勇也没少“折腾”，把自己家乡的土特产弄到学校来卖、办培训班、和同学合伙做小生意……靠着这些法子解决了不少“生活费”。谈起那些“不务正业”的青春趣事，罗勇被年轻时的自己逗得哈哈大笑，打趣道：“要是进军商界，说不定我还是一个‘土豪’呢！”或许正是这份天生机敏的创新意识、这股子生生不灭的自强精神，让他在艰难岁月里也得到了不少人的帮助与扶持。

自助者天助，自强者人助。从物资匮乏的年代走来，罗勇对于曾受过的师长恩情点滴谨记于心，其中也包括曾改变他“命运轨迹”的高中班主任，是他让罗勇选择就读华工的。“因为父亲是得癌症‘走’的，我本来准备报考四川医学院，但当时的班主任对我脾性很了解，他说：‘你性子太急，坐不住。’，便一个箭头画下来让我读了华工。”罗勇笑着用食指在桌上比着，由下至上画出一个长长的箭头，他一边微微点头一边感慨道，就是这个奇妙的箭头，把本是第五志愿的华南工学院调至第一志愿，才将他推入汽车专业的“大门”。

“事实证明老师对我这个‘急性子’的判断是对的，毕业后，我每年都会去看他，还托人订做了一副他最喜欢的红木象棋。”罗勇语气恳切，娓娓道来。“后来在华工念书，班主任廖老师也对我很好。记得有一个学期期末我没钱，是她借我50元的路费回家，当时一个月的助学金也才24.5元啊！”往事历历在目，至今，他仍深谢往昔坎坷、言青春无悔、念师恩难忘。

罗勇1998年在吐鲁番

学习是人生的“永动机”

1986年，罗勇从华南工学院毕业时，是个刚满20岁的毛头小子，在短短几年内他便成为独当一面的汽车工程师。三十余年来，他以工学院的背景和出身，始终低调务实，勤奋苦干，突破石油系统“学院派”的藩篱，成为当时最年轻的处级干部之一。其中的淬炼与打磨，让他成为一个吃得苦耐得烦的行业“硬骨头”，一个身经百战的“石油先锋”，这很大程度上得益于他从学生时代起便培养起的创新意识与学习习惯。

“八十年代，学习资源特别有限，但是当时华工就有一套从美国引进的大型计算机系统，我们有机会学习计算机语言，并用计算机进行有限元计算结构强度，这些东西直接改变了我的思维方式，并深刻地影响了我的一生，所以我要感恩华工。”他回忆道，当时毕业设计，作为五个人的团队成员之一，在吴部硅教授带领下，开展了广州牌大客车车身的有限元强度计算，对计算机语言的接触让他意识到，新的科技、新的知识是多么具有潜力和前景。“对我影响最大的书便是阿尔文·托夫勒的《第三次浪潮》，如何去掌握大数据、云计算、区块链这些前沿科技，如何结合市场需求去进行创新，是非常有现实意义的问题。”罗勇显得若有所思，直至今日，他仍十分感念当年华工所给予的学习资源，华工老师的思想启迪，让自己思维的种子有了一方生根发芽的土壤。

当被问起为何能几十年如一日地“坚持学习”，罗勇直言：“不学习就不舒服啊！”并一脸认真地说：“我空闲的时候都会去书店逛逛，不断开阔眼界更新知识。”他笑着坦言，当时单位有三大青年——文艺青年、摇滚青年、激情青年，自己便是人家口中的“激情青年”了。

正如大家对他一如既往的印象，参加工作后，罗勇更是时刻积极主动学习，从未停止过进步的脚步。21岁，他从汽车工程师的岗位入手，在专业技术方面修炼自己，跟进国内外最前沿的信息不断更新技能，为公司提供最有力的技术支持；31岁，他作为运输大队副经理，在生产组织、经营管理、协调能力上显露头角，融入基层，与工人一起风餐露宿在运输一线；后来，他作为党员干部，在人才管理、制度建设上独具匠心，积极推进人才战略的“双轨制”，实行行政职务与技术职务并行的机制，探索出一条解决工程技术干部职业生涯“天花板”效应的有效方案；如今，作为党委书记和地方校友会的“领头羊”，更是在校企合作、生血机制上不断进行尝试。

罗勇（右）2003年在伦敦学习

在石油系统的各个

部门、十几个岗位轮番打磨，罗勇用自己强大的学习能力经受了全方位的考验，他语中带着笃定："做任何事情都要有兴趣、有激情，才能将自己所学用于工作。我也送给年轻人一句话：忠诚至上，激情第一！"在他心中始终坚持着三点原则：其一，既然进入了一个行业，就要天不怕、地不怕，撸起袖子加油干；其二，不懂就要学，不管在哪个岗位上都要掌握最核心、最前沿的技术和技能，才能担起最急难险重的担子，解决最实际的难题；其三，不论什么时候，都要忠诚企业，先讲奉献。

奉献是负重者的"主旋律"

罗勇（右二）2007 年在运输总公司工作照

除了在自己的岗位上做到最好，罗勇也从来不吝燃烧自己，去照亮身边的人，他不仅带着敢为人先的领导风范，更带着满腔的使命感负重前行。从业三十余年，他从未换过行业，始终如一地为祖国石油工业的发展做供献。作为 1982 级的老一辈校友，他和几个校友在 2012 年携手组建了四川校友会，担任常务副会长，2017 年被推选为会长。随着后辈们的加入，校友会也在不断地蓬勃壮大。

在工作中，罗勇总是奋勇当前、责无旁贷的那一个。"上个月有一条供气管道抢险，我当时在工地上第一时间就操起工具上了'战场'，那可是影响 360 万人的供气管线，不管什么样的险情，再难啃的'骨头'我都要往上冲！"罗勇一边回忆起前一阵子的抢险场景，一边分享着现场照片："这就是我们工作的日常，每天都在解决各种各样的突发状况。"

罗勇坚守"奉献能源、创造和谐"的企业宗旨，在油田技术服务领域尽忠竭智，始终严于律己，保持着自己的品行。"以前在负责采购管理的时候，接触了大量的供应商、承包商，每天都有巨额采购支出需要审批，越是关键岗位，外界的诱惑会更多，但是，人永远不能丧失原则和底线。”罗勇是一个对物质较为“迟钝”的人，在他心中，钱够花就好，多了反而累赘，他调侃道：“我从来不买彩票，我常想，万一我中了大奖，那会改变我的生活，颠覆我既有的价值观，那我该怎么办？不是很不划算？”他打趣道，钱多了反而害怕会影响自己平静的生活轨迹，正如那辆跟了他十几年的代步车，车虽旧，但只要保养得当，依然是最让人心安的老伙计。

如今，罗勇不仅是踩着“风火轮”的石油人，也是四川校友会的“领头羊”，将华工在川蜀地区的校友们紧紧拧成一股绳。“以前校友会人还不多，这几年罗会长带领着我们办了一些兴趣小组，组织了相亲会、羽毛球比赛、川渝校友足球联谊赛等等，平日里也会相互走访校友企业，交流多了，感情也深了。”四川校友会的成员们纷纷表示，能在这个大家庭找到自己的归属感，感到格外开心。

“我们有共同的价值观和同样的校友感情，为大家搭建这样一个家，何乐而不为呢？”罗勇总是幽默地说，自己这个会长是被“忽悠”上去的，但他内心深处却从未觉得这是一种负担，反而因自己有力可出、校友有桥可搭而乐在其中。身为会长，他打心底觉得管理好校友会是自己肩上的责任和义务，他说“校友会的功能有三：一是桥梁，能让校友之间多走动，与兄弟校友会多走动；二是纽带，能通过各种各样的活动来连接校友间的感情；三是助推器，是能不断推进校友、企业等多方合作共赢的机会和平台。”

罗勇（右）在 2015 年“延长化建杯”闭幕式上

这些日子，罗勇正与校友们商议成立“读书小组”的事宜，并提议要“悦读原著、重温经典”，带着大家一起回到最纯正的文学世界。他乐呵呵地打趣道：“社会人当多了，也要回回象牙塔不是？”

回望自己从入学华工到一路走来的岁岁年年，罗勇最大的感受便是“幸运”，何其幸运能成为那个年代华工的“天之骄子”，何其幸运一路都有领导、挚友相伴而行，何其幸运有恩师倾囊相授，何其幸运能在一个美好的时代实现自己的人生价值……

昂首阔步的领头羊在前，无畏的攀登者们在后，对于后辈，罗勇也有着自己独特的人生体会，他诚恳地说：“第一，不要计较得失，不问薪酬待遇，只看发展路径与平台，做好自己，提升价值，怀着一颗感恩的心，记得付出、付出、付出，不断的付出，相信‘天道酬勤’四个字不是说说而已。第二，要不断地学习、占领高点，掌握一门最前沿、可以落地的技术。第三，做任何事情都要有激情，激情的表现是主动，有什么急难险重的事情要先冲上去。”

在罗勇心中，华工学子思想活跃、单纯，充满正能量，少世俗和功利之心。但由于现在的年轻人既有生活条件好、衣食无忧的外部条件，也有事业生活压力大的现实，所以更计较得失，缺乏了“那些年”的一些无畏付出的激情澎湃和仰望星空的笃定追求。

为者常成，行者常至。经历了“文革”、恢复高考、改革开放……一路走来，罗勇对于通过学习来实现自我的机会有着超乎寻常的珍惜与渴望，也正因如此，才铸成了他那凡事积极肯干的性格与甘于无私奉献的心态，为人生价值的实现培植了一方肥沃的土壤，才更加坚定初心，在实现梦想的道路上行稳致远！

罗勇（中）与学生记者团合影

SU GAIMING **苏改铭** 〉〉〉

［人物名片］

苏改铭，1983年入读华南工学院（现华南理工大学）轻工学院制浆造纸专业本科，1987—1990年攻读轻工学院研究生，毕业后在华南理工大学任教三年。1994年回到河南平顶山发展尼龙产业，现任河南平顶山尼龙新材料产业集聚区管委会主任。

低调务实　勇于开拓

——访河南平顶山尼龙新材料产业集聚区管委会主任苏改铭校友

■　杨童

夏日焰火炙烤中原大地，正如我们心中的采访热情高涨。我们一行人来到了河南平顶山平煤神马集团厂区，苏改铭校友如约而至，早早地便站在大门口等候我们的到来。一身白色衬衫配上宽松的黑色长裤，苏改铭校友朴素的衣着给我们留下了平易近人的印象，更给我们带来了一种低调朴实的感觉。

马不停蹄，在苏改铭校友的带领下，我们一同参观了尼龙产业园区内的工厂及其附属展区。在参观园区的过程中，他一边很热情地询问我们一行人在华工的专业，一边耐心地给我们讲解关于尼龙、工程塑料的相关专业知识以及厂区引进的各类先进的设备，也给我们介绍了这些现代化生产设备的大致生产过程和每年的产量。平顶山尼龙产业园从平地到高楼拔起，从招商引资到形成产业集聚、产业链，苏改铭校友见证并参与了全过程，因此当他介绍起这里的每一片场地、每一台设备，乃至水、电、气等点点滴滴时，眼中总是充满深意地看着周围的一切。我们深感园区建设起来的不易，也为苏改铭校友这份十年如一日的执着和热忱深深动容。在随后进行的采访中，我们更是真切感受到苏改铭校友身上低调务实的品质。

回首华园　青春无悔

青年时期的苏改铭

1983年，苏改铭以优异的成绩考入华南工学院轻工学院制浆造纸专业。被问及当年高考第一志愿是否填报的华工时，苏改铭的回答是肯定的，正是当时老师们的建议让他坚定了自己的信念，选择远赴他乡，来到了远在广州的华工。苏改铭感慨当时他来到华工后，深感校园的空旷，活动场所特别多；对比起现在的华工，他说现在华工的建筑物至少是以前的两倍之多。他笑谈，那时自己一放学就会去打球，大学的时候，身为运动健将的他参加了学校的田径队，每天除了学习，就是去训练，还曾代表学校参加过广州地区高校对抗赛，而且还轻而易举夺得1500米中长跑项目的第六名。谈起当时他参加的一场五山几所高校间的友谊赛，比赛地点在华南农业大学，他在比赛前晚一夜未眠，第二天参加比赛出乎意料地夺得第一名，他还绘声绘色地给我们演绎教练比赛前对他的嘱咐，他说那一次取得第一名着实是一个意外和惊喜。

苏改铭在回忆当时的青春故事时，脸上满是笑容，想必他的心里还有着许多同样美好难忘的回忆，永远镌刻在内心深处，足以让他半生回味。

这份情谊是理所应当的，在华工，苏改铭十余年的青春都留在了这里，从学生到老师身份的转换，有奋勇拼搏的青春激扬，有行云流水的云云授课，这是一段丰富的人生经历，更是一段宝贵的人生旅程。华工，是梦开始的地方。

夯实基础　砥砺前行

读研时期的苏改铭（前排右一）

苏改铭谈到在华工求学的过程中，他经历过两次学校校门的变迁，算是见证了华南理工大学的一段历史——在他上大学来到校园的时候叫华南工学院，在他本科毕业开始读研的时候，学校更名为华南理工大学。谈到校园生活，苏改铭坦言："那时候的大学生非常单纯，大家对考上大学都感到非常幸福，所以读书都很刻苦、认真。"他曾亲眼见到过大家为了进图书馆占位置学习，早早来到图书馆门前等待开门，图书馆门开的时候，一群人涌上去，硬是把图书馆很厚的木门给挤坏了。当时图书馆里的座位很少，教学楼供给自修的流动教室也很少，因此大家有时会去百步梯上面的树林里学习，可是到了夏天，蚊子很多，也很难受。好学之人总是会发掘一切可以自修的地方，例如到教师办公楼的阳台或者走廊上，那里摆放有木凳子，可以给大家写作业。当然，条件最好的还是要到图书馆学习。

在这样的环境熏陶下，苏改铭每天都在刻苦地学习，渴望获取更多的知识并夯实自己的基础，一步步前行，超越每一天的自己。正所谓"不积跬步，无以至千里；不积小流，无以成江海"，求学路上，苏改铭不断地汲取知识、积蓄力量，完成自己的学业，而成功的机会，就是留给这样有准备的人的。

厚积薄发　奋力开拓

1994 年，苏改铭选择回到家乡河南进入事业单位工作，来到了平顶山。他刚到的时候，那里还满是蔬菜大棚，还有很多喷淋用的喷头，他们撸起袖子，从清理地面到进驻园区，从配水配电到招商引资，从苍白的平地拔起了一座座高楼、厂房，这个过程的艰辛不言而喻。苏改铭直言："一个企业的成功，是由小到大、由弱到强、由无到有的，这其中肯定有一个积累的过程，需要几代人的共同努力来打造、完成。"同时，他也强调了团队的重要性，以平顶山尼龙产业为例，建厂、搞项目得有个团队，建筑方面得有个团队，技术方面得有个团队，投厂运营管理也得有个团队，但如果只是把一两个人挖出来干，是远远不行的，这样项目无法形成互补。

苏改铭带领采访团参观尼龙产业园区

在和我们分享平顶山尼龙新材料产业集聚区发展历程时，他说，一个企业，肯定要有它的主导产业，平顶山经过几十年的积累，先从帘子布做起，后来做六六盐，把整个产业链打通，再经过几年不懈的努力，才能达到千亿级的尼龙产业，才能达到200亿元的投入一年大约会有300亿产值这样大的规模。回忆这一步步走来的艰辛，苏改铭感慨万分："经过这么长的时间把尼龙做起来，在几次全国性的尼龙大会上，大家也都认为平顶山发展尼龙具有很独特的优势——煤。煤能转化成副产品，能发电，能产生蒸汽，在这里，热效率非常高，企业连续生产，不分昼夜，发出来的电才三毛钱一度。"

作为平顶山尼龙新材料产业集聚区管委会主任，苏改铭的日常工作就是给外来的企业提供各种更好、更优的发展要素——水、电、气。作为国有企业，平顶山先把投资上百亿的企业原料做起来，然后往下加工，吸引长三角、珠三角、闽东南甚至国外的企业都过来投资，作为这里的管理人员，苏改铭要做到服务到位、参与到位，把外部的要素提供好，给企业创造并提供良好的环境，而不干扰企业自身的经营。苏改铭选择回到河南，来到平顶山开发新区，为这里的尼龙产业奉献自身的力量，这不仅是在寻找自己新的发展方向和机遇，更是为家乡人才回流之路做出表率。

经过多年的经历与磨炼，苏改铭从初入大学到研究生毕业，从留校担任老师到如今的平顶山尼龙新材料产业集聚区管委会主任，在人生的每一个阶段，他的每一步都走得很扎实，从中他获得了知识，锻炼了能力，更养成了人生的气度，为他今日的工作打下了坚实的基础。在那个人人下海、人人追求创业经商的时代，苏改铭毅然选择回到河南，在平顶山奋力开拓，尽自己最大的努力做好自己该做的事情，认真完成每一项任务，将自己无限的精力投入其中，正是依靠知识和经验的积累，想企业之所想，急企业之所急，为企业提供更为优质高效的服务，营造更好的外部环境，实现了企业与产业集聚区的共赢与发展。

寄语晚辈　情深意长

见到师弟师妹们前来采访，苏改铭发自内心的高兴，他对我们嘘寒问暖，更是对新一代华工人抱有很高的期望，希望能够与师弟师妹们多分享自己人生的阅历与经验。在阅读答谢函时，苏改铭被答谢函上的校训吸引住了，他说，华工正是矢志不渝地坚守校训“博学慎思　明辨笃行”的精神，在一代又一代的华工人身上总是具备着一份务实的品质，这正是华工毕业生的优势之一。苏改铭意味深长地说道：“当你走出校门的时候，无论是本科毕业还是研究生毕业，都得把心沉下去，那几年是你把知识跟实践结合最好的时候，沉下去就能成功。因为那几年是新的起点，是你后面成功与否的一个关键点，切记不要浮躁。”

苏改铭说，随着年龄的增长，人的“火性”会慢慢衰退，在刚离开学校这段时间，是人的思想和行动最火热的时候，这个时候到生产第一线去最具优势，也能发挥所长，如果谦虚好学，那么就能很快打开一片天地，掌握很多东西，这样在行业就是一个具备竞争力与优势的人才。“当你步入社会，迈入工作岗位，只要你把活干好，就会有人推荐你、跟着你；如果你不把活干好，你就没有话语权，就没有威信，那么你要成功就很难。”是啊，无论是面临着多大的困难，都要不断挑战自我、突破自我、提升自我，把该完成的事情完成好。

对于每个人来说，未来的路虽不可知，但作为一个华工人，应该学会在前进中不断开拓自己一片新的天地，找到最适合自己的东西，活出自我，超越自我。正如席慕蓉所说：“人生像攀登一座山，而找寻出路却是一种学习的过程，我们应当在这过程中学习稳定、冷静，学习如何从慌乱中找到生机。”人生路漫长，华工人更要懂得去不断地尝试，不断地创新，坚定地走下去，不忘初心，方得始终。

结语

在采访苏改铭校友的过程中，我们看到了一个低调务实、勇于开拓，最终走向成功的华工人典范，他的一言一行非常实在，但却无不透露着对晚辈的关怀与提点。苏改铭校友考虑到天气炎热，在采访结束之际，为我们一行人买来几瓶冰镇的纯净水供路上饮用，告别时祝愿我们的母校能培养更多优秀英才，投身到祖国建设事业中来。采访中的一点一滴，无不展现了苏改铭校友身上低调务实、勇于开拓的华工楷模形象，值得我们每一位华工学子引以为傲。

苏改铭（前排左）与华工师生合影

LI PENG 李　鹏 〉〉〉

［人物名片］

李鹏，1989年入读华南理工大学电力系，1993年获学士学位，1995年获硕士学位，2002年获博士学位。2004年获德国布伦瑞克工业大学博士学位。现任南方电网科学研究院副院长，国际电气和电子工程师协会（IEEE）P2030.6标准工作组主席，全国电力系统管理及其信息交换标准化技术委员会副主任委员，全国智能电网用户接口标准化技术委员会副主任委员，中国电机工程学会分布式发电及智能配电专业委员会副主任委员。曾主持国家863计划项目“基于分布式能源的智能微电网关键技术研究与集成示范”，任项目首席专家和项目负责人；主持国家重点研发计划“配电网广域测量控制技术研究与应用”，任项目负责人。

决断人生　放眼世界

——访南方电网研究院副院长李鹏校友

■ 古佳霖　陈文庆

三月里，春雨携寄绿意洒落在校道两旁的树木上，初生之绿给人以无限的生机与欢愉。

就在华工校园发电厂餐厅的一隅，我们迎来了南方电网研究院副院长、我校1989级电力系李鹏校友。笑容明朗、极具风度和神采是李鹏给我们的第一印象。彼时的他刚刚从一场讲座会上赶回来赴约，他兴致勃勃地谈起这场讲座里的一位讲师，年逾八十，却仍饱含激情，从他的描述中，透露出来对知识的尊敬和对人性的敬仰。在后面的访谈里，回顾往昔，立足现在，畅想未来，我们从他身上，得到许多思考。

少年才俊　缘结华工

李鹏出生于湖南，从小学到中学，斐然的成绩让这位少年一路保送到了华南理工大学。谈及大学前的学习时光，李鹏直言，拥有一位作为老师的母亲给他很多不同于其他人的感受，是安全感，更是责任感。他谦逊地说道，中学的自己是不够优秀的，但是，他一直乐于挑战难题。或许这种品质让李鹏在日后拥有更大的勇气去面对困难、决断去留，谱写不一样的人生。

军训时的李鹏（前排右三）

当问及当初保送大学时为何弃浙大而选华工，他说在那个年代，华南理工大学是优秀学生的不二之选。于是从那时起，他和华工结下不解之缘。在机缘巧合下，李鹏来到了电力专业学习，几载风雨路，现在的他已是南方电网研究院的副院长。这其中的每一步，他都用热情诠释着自己对这个行业的热爱和探索精神。电力行业作为社会的基础行业之一，李鹏谈及自身的工作时饱含着一股自豪感："也算是为社会做贡献吧！"

华园筑基　综合发展

1989 年，那时李鹏只有 16 岁，年纪小，离家远，初到华工的李鹏对大学的生活很不适应，在开学初进入联合班的考试成绩不甚理想，"这也算是一个小遗憾吧"。这时候，华工的老师、辅导员和宿舍管理员悉心指导，帮助李鹏快速适应了新的环境。

时光飞逝，从华工毕业已有十六载，然而母校同窗和恩师给予他的帮助和教导他却从未忘怀。李鹏追忆起自己在华工的时光时，脸上总带着一种沉浸其中的微笑。正是在那段校园时光，李鹏确立了自己日后的目标并为之不断努力。学习上务实用功，打下了坚实的基础，逐渐培养了系统性思维，“不管多少课，我都能将其变为两页纸”，这是李鹏优秀概括总结能力的一个体现。“我有幸能够遇到很好的老师。”感慨于华工本科教育的优秀，李鹏还特别提到了当年的英语老师杨玮和数学老师许汉光，他们的敬业精神对于学生的影响是深刻而长远的，“当一个人心无旁骛地去做一件事的时候会影响到身边其他人，他们就是这样的人”。

李鹏（右一）与宿舍舍友合影

同窗情谊也是历久弥新的一抹色彩，谈起当年的同学情谊，李鹏说道大家有着相同的理想，有着共同的目标，是深厚而纯粹的。李鹏还分享了当年的一件趣事：一位同学抄了他复变函数的作业，在后来的批改中得了满分，而李鹏才拿了八十一分。这件事情并没有影响他们之间的感情，反倒成为他们大学时光里亲密关系的一个缩影，后来每每谈起都别有一番乐趣。“那时物资匮乏，朋友圈子也较小，但同窗情谊十分地纯净而美好”。在那个时代，他们同为华工人，怀着相同的对学校的愿景，朝着一致的方向努力，传承着一代又一代的华工精神和文化，正是这些因素维持着他们的共同理想。

社团工作方面，李鹏热心为集体服务，每次都尽心尽力地为同学组织球赛。从生活委员到生活部长，再到学生会主席、研究生会主席，他说起这段经历，将其视为一个人生重大转型的契机，这份工作，让他接触到了更多的事与人，这份责任与担当，也让他的组织工作能力得到很好的培养。李鹏特别谈到了当年学校的合唱团，那种精、气、神，不为外在所遮掩，对当时的华工学子产生了深深的影响。李鹏充分肯定了自己那段学生工作的经历，也鼓励我们积极参与社团，找到志同道合的伙伴，在点点滴滴里塑造自我。

身处孜孜不倦汲取知识的同学中、爱岗敬业甘于奉献的老师中、在磨砺自身的社团工作中，他越来越清晰地规划着自己的理想，主宰着自己的人生。

两度远洋　初心不悔

硕士毕业后的李鹏，来到了广州供电局工作。在这期间，他顺利攻读下华工的博士学位。工作上的他，和在校园的他一样精明强干，为单位解决了许多项目难题，得到了大家的认可和尊敬。在华工打下的坚实基础，无论是知识理论还是组织管理，都在他的工作中发挥得淋漓尽致。

“雄关漫道真如铁，而今迈步从头越。”恰恰是在这拥有明朗未来的节点上，李鹏做出了一个需要勇气的抉择，前往德国，进一步深造。

谈及动机，李鹏也笑着承认原因之一是为了追求一位同系的女生，这份感情与勇气，也让他收获了幸福，与相爱的人喜结连理。两个人在异国他乡的日子，虽然可能承受辛苦与不理解，但也不失感动和浪漫。

也正是在德国的四年里，李鹏对日耳曼民族严谨细致的态度和追求深有感触，西方的文化生活也让他看待问题的角度有所改变，拥有更开阔的眼界。与此同时，他也成功拿到了第二个博士学位。拿到博士学位后，当回国与否的问题摆在他的面前时，他再一次选择了意味着需要从零开始的那个选项——回国。

“德国不是没有好的机会，但是我心里总想着，我要把事业和情怀带回来，带回中国来。”

回国后，李鹏凭借突出的技术和管理才能，在南方电网干出了一番自己的事业。2010 年他在华工任职客座教授，尽心尽力地为华工做着自己的贡献。

在李鹏的一去一回里，包含着太多的不确定因素，也背负旁人的质疑和不解。当站在人生的风口上时，我们常常难以舍弃身上的包袱，原地停摆，难以决断。李鹏则用行动给出了自己的答案，跟随自己的本心，去时倾慕一人，归时心系一国。这两次选择，也体现出了李鹏不畏未知的勇气，拥有这样勇气的李鹏，心里也总是怀着一股信念，“年轻没有害怕，就想着，在哪里都好，我总能做出一份成绩的”。诚然，国外漫漫求学路，为李鹏今后科研工作奠定了坚实的基础。回国后他凭借突出的技术和管理才能，在南方电网干出了一番自己的事业。

看向世界　挑战未知

从古至今，对知识的渴求，被看作是一个人的潜力和人品，也是一个知识分子应有的品质。

“路漫漫其修远兮，吾将上下而求索。”李鹏一直让自己保有乐于学习、勤勤恳恳的态度，在专业的基础上拓宽知识领域，争取知识系统的多元化。在工作内外参加培训、听讲座、阅读书籍等等，这些都是李鹏对于自己现状不轻易满足的体现，谈起最近很喜欢的一本书籍——《数学之美》，李鹏笑称已然达到了“三月不知肉味”的境界。对过去的反思和总结，他告诉自己，不能让自己陷入浪费时间的状态，而这也是他对华工年轻学子的一个诚恳建议。

“我本人是很乐于学习的，反观现在很多年轻人，缺少的是对更大世界的冲动。”在和年轻一代的接触中，李鹏首先肯定了华工人务实勤勉的态度和扎实全面的专业知识，但相较于其他世界一流大学的学生，缺乏的是对于世界前沿领域的探索精神。李鹏谈到，在这个时代，年轻人要有志向，立大志，眼界看到最前沿，敢于突破思维，发出自己的声音，中国在世界上的影响力才会越来越强。

信息时代的发展一日千里，一个领域的突破就能引发其他领域的连锁突破，机遇与创新共存共进。在人工智能的曙光下，李鹏也在思考在这股浪潮里自己所在的领域能怎样与其结合，而电力行业的全方位发展也许就在每个科学工作者所努力思考的明天。但同时李鹏也强调，发展也不一定要从零开始去创新，关键是结合实际具体分析，“原始创新很重要，但创新是可以站在巨人的肩膀上的”。

李鹏已经卓有成就，可他对于目前的状态仍然不够满意，他希望在更广阔的空间做更多的事。在追忆中，他和我们讲起这样一件往事：在他刚回国时，美国 EBAY 电子商务平台初现曙光，其中的商业模式创新性地解决了和客户之间的信任难题。而此时国内暂时还没有这一商业模式，在面临这样的机遇时，他没有抓住互联网时代的契机，走了保守固化的发展道路，而不久之后，国内类似淘宝的电子商务平台陆续兴起，发展态势十分强劲。陈述之中，透露出李鹏的一丝惋惜。没有抓住创业商机，也成为李鹏人生一大憾事。

品性德行重于学问

品德重于学问，这是李鹏对华工学子及年轻一代的另一希冀。

说起成就，李鹏常常复以谦辞，当我们感慨于他事业上的成绩时，他说起他大学时更印象深刻的一件事。在大一第一学期结束后，李鹏坐上了返乡的火车，三十几个小时的路程，他用月饼盒装了二十几个咸鸭蛋带回家。或许生活于那个年代才能体会那种生活的不易，狭窄而拥挤的车厢，盒子里装的是一个少年的满满孝心。这一个细节，让我们充分感受到他对父母深厚的感情。正所谓十月胎恩重，三生报答轻。当问及家人的反应，李鹏笑道："他们不说出来，只是笑笑。"

"人性很重要，特别希望学生们有这样的感情。"李鹏对待家人的孝心和责任感让我们感受到，无论有多大的理想或志向，人生中做出了多大的成绩，都应珍视生命中的各种情感，并努力去维系好它们。

饮水思源　传承华工精神

李鹏和妻子因华工结缘，他们常带着孩子回母校看看，看看这个生活了近十年、见证他们成长的地方。他说道，自己对华工的贡献太少了，人的价值是在于帮助他人。教书育人的老师是其中的代表，他们的言传身教帮助年轻一辈构筑精神长城，如果时机合适，他会考虑回母校华工当一名老师，去向年轻一代分享思想上的经验，将华工精神一代一代地传承下去。

与李鹏的交谈让我们获益良多，他的优秀让我们心怀敬仰，他的真情真义让我们感动又敬佩，他身体力行地鼓励着我们放眼世界、一路向前。脚踏实地，务实肯干，不忘初心……李鹏身上闪耀着的每一个特质，无不体现着华工精神！

在整个访谈的过程中，李鹏微笑着自信地向我们侃侃道来，在他的身上，我们看到他对于生活、对于人生的思考与理解，他的心里，似乎永远洋溢着青春的盎然气息。人生的每一步都是充满着未知的前行，我们经常为此而感到迷茫或害怕，但李鹏用身体力行告诉我们，心中有情怀，就不惧任何挑战，也可以拥有一切从零开始的勇气。而世界，也将属于那些有勇气去看向最前的人。

李鹏（中）与华工师生合影

全新多维视角　游刃法律前沿

——访北京大成律师事务所高级合伙人、珠海办公室执行主任薛鹏校友

■　寇晓晖　朱志杰　王若楠

《《薛　鹏XUE PENG

［人物名片］

薛鹏，1990年9月入读华南理工大学化学工程系，硕士毕业于中山大学法学院，获长江商学院金融工商管理硕士学位。2012年、2013年连续两年获得“珠海十大优秀律师”荣誉称号，现任北京大成律师事务所高级合伙人、珠海办公室执行主任、华南理工大学珠海校友会第七届副会长。

择　柳暗花明路

薛鹏的跨专业选择说来话长。

在华工读书的时候，薛鹏并没有确定自己未来的职业方向。“那时候都是懵的，根本没有什么规划和想法，就想着先把学校的书尽量读好，以后的事情谁知道呢。”改革开放的号角一响，经济体制风云巨变。薛鹏读高中时，政治课讲的还是计划经济，到了1992年大学政治课内容则是有计划的商品经济，大学毕业的时候就变成了商品经济，及至踏入社会已脱胎为市

薛鹏接受学生记者采访

薛鹏 1990 年 9 月入学报到在华工校门前留影

场经济。社会经济脉络的变化如此之快，仅五六年时光就已人间暗换。薛鹏认为，市场经济的特点是在平等主体下的公平合理的等价有偿交易，不同于计划经济时代依靠制度的大手来干预和调控，它更多依靠社会运行的规则去管理社会。那么，在计划经济向市场经济转轨的过程当中，对法律的需求必定会日渐迫切。不管是商业主体、政治主体抑或是社会主体，都需要按照法律的规定在自己的权力范围内运行。他觉得法律应当是一个很有希望的学科。加之当时化工企业匮乏的珠海缺少能为他提供专业技能用武之地，从前看香港律政片和美国的律政电影而对法律积攒了浓厚兴趣的薛鹏认为，可以尝试一下转型。

大学毕业后，薛鹏考取律师资格证，成为一名律师。但他认为还是有必要对法律的知识进行全面的学习。看文章、听讲座这样蜻蜓点水般学到的知识都非常表层，要想淘得真金，还得深入知识体系里面，进行相对完整的系统性学习。因此工作一年后他考取中山大学的法律研究生，攻读法律硕士学位。此外，律师在接触法律问题的过程中，不可避免会触及许多社会经济问题。宏观层面国家金融、产业、财政政策在微观层面上都会对企业的财务税务等产生影响。虽然法律方面有了足够的基础，但是在财务、税务、经济、金融方面的力不从心使薛鹏意识到，对商业的学习需求迫在眉睫。他选择就读长江商学院以进一步提升自己金融方面的专业能力。

行　水穷云起时

游走于工科、法律、经济之间，跨专业选择带给薛鹏最大的收获就是锻炼了他的开放性思维。

社会经济运行越来越复杂，蝴蝶效应并非危言耸听，个体主体的行为可能会对整个社会产生影响。单一的思考模式总会受到眼界和思维惯性的掣肘，复杂的社会问题必须要用跨界的思维来解决。例如化工厂的排污问题，工科思维会试图用一切方案来解决环境污染的问题。社会学思考的是化工厂的社会效益和一旦关闭化工厂所导致的工人失业问题，继而牵涉到数百个家庭的命脉而可能引发的社会问题。经济学的观点是考虑污染企业整体搬迁所需要的搬迁费用，或者做一些激励机制，例如要求企业交排污费来补偿环境受到的损害，用这些排污费去治理环境。而法律学则寻求在不同方的利益诉求上找到一个最佳的结合点。薛鹏的工学思维、社会学思维、经济学思维、法律思维结合在一起，赋予他全新的多维视角。“假设你自己是个锤子，那么你看哪里都是钉子，都想用你那把锤子去锤它，这是你的思维方式。”单一的思维模式最易僵化，而拥有批判性的思维，首先要求知识结构多元化，拥有深度的跨界思维。“我们一定是在重重矛盾当中寻求发展，在发展当中找到根本的解决方法。”

律师是法律前沿的战士。薛鹏认为，优秀的律师首先要具备诚信的职业道德，其次是对专业追求深度的能力，第三要能够解决社会问题，因为法律问题就是社会问题。法律是一门实践性很强的学科，学历只能证明知识的专深程度，并不等于运用知识的能力。霍姆斯曾经说过，“法律的生命不是逻辑，而是经验”。逻辑是从书本上学到的知识，但能力是从经验中体现出来的，没有前期的训练，就没有后期的认识。年轻的律师在法律服务市场的生存往往非常艰难，就是因为经验的匮乏导致了价值的缺失。而需要解决燃眉之急的客户往往无法提供成长中的律师以从容学习的机会。所谓量变产生质

薛鹏（右三）与同事合影

变，从小事开始一步步积累，达到一定程度时自然能够驾轻就熟。每一名律师都是从初临战场的战士逐步蜕变，成长为身经百战的将军，是时间的洗礼让经验的盔甲更加厚重。

律师工作带给薛鹏最大的乐趣就是拥有一种批判性思维，他笑称："不被人忽悠，这一点非常难得。"薛鹏觉得人生最怕 "拎不清"，律师工作的严谨性自然而然赋予了他在迷雾中行走的能力。千丝万缕中，他总能精准地绕开重重陷阱，找出自己需要的那根线。能够在错综复杂的社会中始终保持清醒，避免 "被别人忽悠还浑然不觉" 的错愕，这对于薛鹏来讲，也是一种独特的快乐。

忆　锦瑟五十弦

薛鹏在国外足球场上举着国旗

前不久，"华南鲤工芒果莲雾大学" 上了微博热搜，为华工学子们津津乐道了许久。当然，这对于薛鹏来说，早已不算什么新鲜事儿了。他读本科的时候华工还有晚自习，一下晚自习，薛鹏就和伙伴们聚在23号楼旁的一排龙眼树下摘龙眼，一砖头扔上去就能砸下来好多龙眼。东湖捉鱼也饶有风趣。有一次大家发现东湖的水被放干了，很多鲶鱼游不起来，在池底蹦跳，伙伴们趁着夜色来到湖边，有位身手矫健的同学一跃而下，不一会儿就抓了半桶鱼上来。大家在宿管那里借了铝制的洗脸盆，去小卖部买些调料，麻利地把鱼炖了，然后就着辣椒酱吃下去。回忆起这些年少的趣事，薛鹏脸上现出神往的快乐。

在华工就读期间，薛鹏最喜欢的运动就是踢足球，一个星期常有一两次会在中午和别班的同学约场足球比赛。上午的课间在西区操场放一个破足球，宣示着中午占场的主权。脚下的风是年少，额间的汗是青春，广州的夏天火伞高张，也是少年热情的模样。踢完比赛没有课的下午，大家就在西区的小卖部坐着乘凉，喝着菠萝啤，吹吹牛皮聊聊天，一个下午的时光就在少年们张扬爽朗的眉眼间倏然逝去。

十几年后的现在，即使再忙，薛鹏仍然保持着踢足球的习惯，尽量坚持一个星期踢一次。他在珠海有三个足球队——珠海律师协会队、枪与玫瑰队和华工珠海校友队，在广州还有一个长江商学院广州校友足球队。在薛鹏看来，踢足球有三个阶段的心态改变，正如马斯洛需求的金字塔，第一个阶段是单纯地作为爱好，第二个阶段是把足球运动作为一种强身健体的方式，第三个阶段则认为足球是一种文化。受益于这个坚持了二十多年的爱好，四十多岁的薛鹏依然保持着良好的身体状况，在足球场上的跑动、拼撞，即使与律所的年轻人相比也毫不逊色。除了每年的“大成杯”全国律师足球锦标赛，薛鹏还参加过两次律师世界杯足球比赛、一次律师亚洲杯足球比赛。2018 年5 月，薛鹏所在的大成中国区联队出征巴塞罗那举办的2018 西班牙律师世界杯，在40 支队伍里面排第26 位，是中国区5 支队伍中的最好成绩。群雄逐鹿的2018 俄罗斯世界杯自然也是薛鹏关注的焦点，但他没有特别支持哪支队伍，他说他喜欢的是精彩的比赛，哪个队踢得好就看哪个队。“认真工作，愉快玩耍”是薛鹏的人生哲学，即使在最忙的时候，薛鹏也没有牺牲掉生活的其他章节。运动、阅读、音乐，如同在紧锣密鼓的进行曲中突然插入的舒缓长笛，这些时刻是他在奔跑后的中场休息。

薛鹏（左一）在西班牙巴塞罗那

逢　灯火阑珊处

华工艺术团管弦乐团1991年由蔡建中先生捐资复建后开始招募新的乐队成员，少年时代跟随父亲学习过单簧管演奏的薛鹏加入了管弦乐队，成为一名乐团成员，参加一些学校的活动和校外的比赛。1992年校庆，很多白发苍苍的校友从国外回来看望母校，乐团就在学校门口演奏国歌，拉德斯基进行曲、圆舞曲，校友们非常感动，蔡建中先生作为捐赠人也来看望乐团的同学们。薛鹏记得，年近花甲的蔡先生激动万分，泪盈眼眶，这是他第一次听到母校的同学们用乐器现场演奏国歌，作为海外华人的蔡先生激动得难以言表。这个场景对薛鹏冲击非常大，老校友对学校如此深厚的感情深深震撼了他。缘分的弧线一恍二十四年，2016年华工珠海校友会改选，作为男主持人的薛鹏突然发现，受邀嘉宾里蔡建中先生赫然在列。他激动地提起这段尘封的往事，耄耋之年的蔡先生已经不记得了，却仍然湿了眼眶。“人最珍贵的就是感情。”两代华工人不禁泪洒同台。

薛鹏（后排右二）与蔡建中（前排左二）、朱江洪（前排右二）等校友们合影

与蔡先生的奇妙缘分让薛鹏对校友会产生了独特的情结，他担任了珠海校友会的副会长。薛鹏认为，校友理事会做这些跟校友沟通的工作加强了校友与母校的联系，是一个很好的正向反馈。“我希望华工越来越好，我也愿意在这个过程当中做一些我能做的事情。”2017 年，薛鹏还回到母校参加了法学院的一个会议，希望与法学院建立长久的合作关系，形成一个良好的互联关系与合作机制，共同打造 “华工法律人” 的业界品牌。

薛鹏认为大学里学什么专业其实并不重要，关键在于从学校获得的学习能力和思维方式，大学赋予他从学生走向社会的自信，也锤炼了他脚踏实地的华工品质。他认为四年的大学生涯非常充实，没有遗憾。薛鹏希望华工学子在校期间认真学习，毕业后感恩母校回馈社会，这既是自我价值的实现，也是每个华工人的使命。

北京五道口胡同里，有一家叫作 “另存为” 的小店，怀旧的蓝漆木格窗前立着一块水泥黑漆的小黑板，上面用学生时代黑板报的字体写着 “没有记录就没有发生”。这幅画面被薛鹏用相机记录下来，一直用作朋友圈的封面图。无论在什么时候、什么地方，薛鹏都会用他批判性的思维，去观察生活的每一个触角，去记录角落的每一个发生。

薛鹏（右二）与学生记者团合影

SOUTH CHINA UNIVERSITY OF TECHNOLOGY

2018

華工人

科技兴邦

眼中有光　心中有国

——访天津迈达医学科技股份有限公司总经理王延群校友

■　萧浩彬

“眼科现有设备里，唯一受三甲医院市场认可的国产产品就是超声波诊断仪”，而中国眼超当之无愧的创始人，便是王延群校友。骄阳似火的八月，我们与王延群校友昔日的恩师朱斌老师一同来到天津，进行了一场三代华工人的交流。短短一天多的参观和采访既饱含了真挚的情感流露，又不乏激烈的思维碰撞。我们细细回顾了王延群校友的过往，发现他在每一个时期都有值得我们学习的闪光点。正是这一个又一个闪光点相继缀连，点亮了一条通往创新的璀璨星空大道。

纸上得来终觉浅　绝知此事要躬行

20世纪60年代初期，江西赣南山区的一个小村庄里，小小年纪的王延群早早担起了家里烧火做饭、放牛割草和砍柴挖菜的重任。祖辈务农，生活在清贫家庭的王延群并没有放弃学习，随着年龄的增长，他很清楚地认识到，

<<< 王延群WANG YANQUN

[人物名片]

王延群，江西兴国县人，1977年毕业于华南工学院（现华南理工大学），1981年至1982年在西安交通大学生物医学电子工程专业研究生班学习；1997年7月至2002年10月任中国医学科学院生物医学工程研究所副所长，研究员，博士生导师。历任所学委会委员，医学超声工程研究室主任。获得国家科技进步二等奖1项；天津市科技进步一等奖1项，卫生部科技进步二等奖1项；天津市科技进步二等奖2项，三等奖2项。国务院特殊津贴专家，卫生部有突出贡献中青年专家，天津市政府授衔“眼科超声工程”专家。2007年卫生部遴选的中国工程院院士有效候选人，2010年全国优秀科技工作者，天津市首批高层次创新型科技领军人才。2004年创建天津迈达医学科技股份有限公司任董事长，2009年任（迈达科技430220）新三板上市股份有限公司副董事长、总经理至今。

1976 年王延群在华工图书馆门口台阶上学习

要走出山村，只有两条路：入伍参军和读书学习。在毛泽东思想的熏陶下，他比同龄人怀着多一份建设祖国的热忱，希望用知识改变命运，改变落后。

“文革”期间，王延群作为全县仅有的七个优秀青年代表之一，被推荐到华南工学院学习，攻读无线电系电子仪器及测量专业。来到梦寐以求的学习殿堂后，王延群并没有停止前进的步伐，反而更加刻苦地投入学习中。在学校“理论与实践相结合”教学方法的指导下，王延群通过不懈努力打下了扎实的理论基础和实践技能。作为免试推荐入学的工农兵大学生，他的理论知识较为薄弱，只能靠废寝忘食的学习来弥补。在那个没有网络的年代，遇到不懂的问题他主动去找身边的同学讨论或向老师请教。除此之外，王延群清楚认识到动手能力对工科学习的重要性。他充分利用学校提供的实验室资源，熟悉运用各种电子测量设备。一到周末，他就乘 22 路公交车到广卫路，然后走路到惠福路，把平时攒下来的钱买收音机的器件。回到宿舍，他拿出图纸和课本，自己练习制作电路板，一边拼装，一边思考课本理论和实际操作的联系与区别。就这样，他在大学期间一共装配调试了三台收音机。说到这件事，王延群脸上依然充满了自豪，似乎装配收音机还只是昨天的事情。

学生时代的王延群在宿舍夜读

“什么是大学？大学就是学习的平

台。”王延群语重心长地对我们说道：“学校为我们提供了优良的环境和教学实验室，老师们言传身教分析释疑，如果在学校都不充分利用好这些资源尽可能多学一点，那工作后就更没有机会了。”1977 年，王延群挥手告别母校，结束了短暂而又充实的三年大学生活。带着华工人一股不服输的拼劲，他再一次坐上开往远方的列车，坦然面对人生的下一段未知挑战。

丹心未泯创新愿　半生辛苦为眼超

“创新是什么？”朱斌老师问道。

显然，对于创新，每个人都有自己独特的理解。而从事医疗设备行业工作四十余年的王延群给出的答案只有简单的两个字：赶超。

“超”是最终的目标，而实现“超”的路径就是“赶”。他的想法很简单，“外国有而我国没有的，我们就要造出来，然后用更高标准击败他们，这就是我们的目标。”

国外 B 超仪器探头最初是用直流电机工作，而王延群在这个地方看到了“赶超”的切入点。他在全面地分析国外进口仪器的原理和结构的基础上，进行了全面的改进和设计，其中对关键部件之一——探头，创造性地使用步进电机替代直流电机，不仅增加了仪器的可靠性及稳定性，还提高了眼睛扫描成像的精准度，成功通过科学的分析对比，从原理上大幅改进了眼超诊断仪。在找准科研方向和理念后，他心无旁骛，耐住寂寞，摒弃浮躁之心，眼光注视着自己的目标，不息追赶。

谁知，这条赶超的路，一赶就是四十多年。

皆说机遇造英雄　谁知英雄造机遇

刚刚从华南工学院毕业，王延群就被分配到中国医学科学院分院医学仪器与器械研究所工作（单位在四川简阳县），这是当时国内唯一一家研究医疗设备的研究所。刚刚进入单位，王延群就加入研究所组建的医学超声课题组，这对于他而言是个极其珍贵的机遇。在这个全新的前沿科学课题上，他不仅拥有在华工学习获得的扎实知识基础，还有在汕头超声厂实习时获得的宝贵实践经验。正因为王延群在实习中苦下功夫熟悉设备，工作后他才能完美地完成任务，获得同事以及领导们的一次次赞赏。接下来几年，在老同志的悉心带领下，王延群作为基层研究人员参与研发机械扇形超声成像仪，并在四川绵阳电子仪器厂实现了仪器的产业化。经过这几年的锤炼，王延群积累了丰富的工作经验，打下了坚实的科研基础，领导也寄予重望，他正蓄势待发，等待机遇的来临。

随着十一届三中全会的东风吹进山沟，建设四个现代化强国的号声响起。到了1982年，山沟里的研究所又分别搬回了北京和天津，王延群也迎来了更好的发展机会。

20世纪80年代末的一个偶然机遇，王延群在一次产品鉴定会上见到了我国著名眼眶病专家宋国祥教授，他恳请医学超声研究室为眼科设计一台眼科超声诊断仪。眼病是极其常见的病症，而眼病的诊断少不了超声仪器。但当时，中国的眼科B超仪器处于空白阶段，百分百依赖从国外进口，并且国内医院的仪器需求还远远未能被满足。在这个研究背景下，两人一拍即合，一人负责仪器研究，一人负责临床实验，在1990年5月建立眼科超声诊断仪课题。

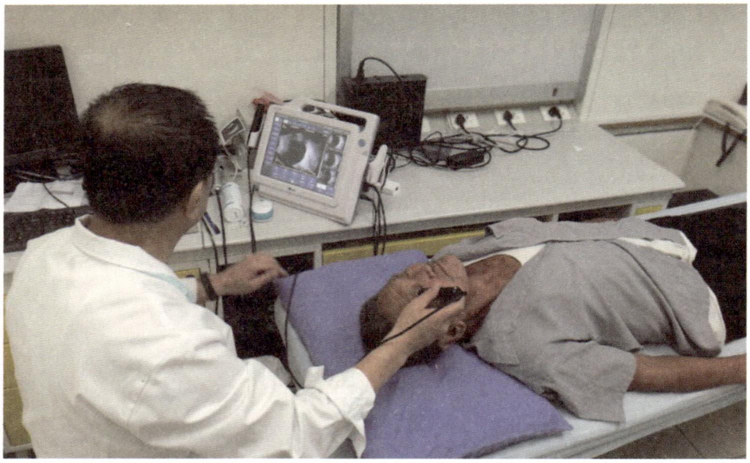

甘南州医院用眼科超声为眼病患者做诊断

在这一新领域王延群有许多难题要攻关。较普通B超仪器，眼科超声需要更高的分辨力、频率、灵敏度以及采样率，并且当时电子器材缺乏，科研经费紧张，这对他而言是一个前所未有的挑战。王延群为了解决眼科超声的关键器件以及探头设计问题，跑遍了全国多个生产压电材料和相关部件的单位，为了节省科研经费，晚上乘火车坐硬座，省下住宿费，白天到学校或者工厂调研，提出设计数据及工艺要求的同时寻找合作单位。功夫不负有心人，经过长达三年的反复实验，他终于成功研制出国产眼科 A/B 型超声探头及系统，成为中国眼超的创始人。

王延群在测试验证新探头

首台国产眼科超声诊断仪在性能上各项指标一致优于国外同类产品，并在国际同行业处于先进水平，达到完全可替代国外同类产品的标准，打破国外眼超仪数十年的垄断。在此之前，昂贵的眼超仪器只能在个别三甲医院配备，而国产眼超仪的问世，大幅降低了成本，让更多医院能配备该仪器。该项目由于在国家急需发展的医疗设备领域做出巨大突破，2001 年获得国家科技进步二等奖，这也是我国医学超声领域的唯一大奖。

回顾王延群实现国产眼超仪零的突破的科研历程，我们不难发现他是一个非常善于抓住机会的人，并且通过不断的锤炼让自己具备利用机遇的能力，最终将机遇转化为成功。创新需要成功，除了要有正确的方向，还需要有能捕捉机遇的锐眼以及锤炼自我的意志。

筚路蓝缕大志　立心立命家国

然而，要如何保持创新的动力呢？王延群给出了答案：自主创新，造民族精品，进入市场竞争。“科研成果研发成功，必然产生市场效应，这时市场和竞争对手都会逼着你继续往前走，你决不能停滞不前，停滞就意味着被取代和消灭，只有不断创新才能立于不败之地。”2004 年，王延群创立了天津迈达医学科技有限公司。

“虽然市场很重要，但我们绝不是一切向钱看，我们的初心未改，国家的需求永远是我们团队创新的根本动力和奋斗目标。”王延群如是说。2009 年，在席卷全球的金融危机过后，公司面临着投资并购的抉择。当时，多家跨国公司主动提出各种价格极具诱惑力的方案，但王延群不为所动，因为他很清楚，一旦自己的公司被外国企业收购，那“中国眼超”很可能就要从世界上消失了。他辛苦研究二十余年，就是为了民族品牌，为了国家医疗事业发展，哪能为了蝇头小利，把一个优秀的民族品牌扼杀，把国家进步奖的成果拱手让人！最终，他顶住压力，找到一家大型国企投资并购，坚持走创建民族精品之路。

王延群（左一）参加迈达科技新三板挂牌

如今，迈达公司创立十五年，始终以眼科设备为主攻方向，研发眼科超声产品，坚持技术创新，自主研发，不仅推出一代又一代更高标准的眼超仪器，还拓展研发出超声生物显微镜、超声乳化仪、超声生物测量仪、膀胱超声测容仪和皮肤超声影像仪等众多产品，在超声、激光和视光技术领域形成了一批成熟的诊断与治疗设备。他们的眼科产品不仅替代了大量的国际同类进口产品，推广至全国各级的7 000余家医院使用，还出口到国际70多个国家和地区，包括科技水平先进的西欧各国，以及美、日、韩等国，成为中国人的骄傲！

寄语

王延群希望母校继续发扬优良传统，去伪存真，强化学生学习能力的培养，理论与实践相结合的教学对于工科院校显得更重要，并祝福母校百尺竿头更进一步！

“严于律己，宽以待人，坚持努力，合作共赢”，王延群以这短短的十六个字总结了他成功的要点。希望所有的华工学子都能从王延群的身上学到这些优良精神品质，为学校、为社会、为国家做出更多的贡献。

无畏艰苦　勤奋求学

——访郑州市奇华利科贸有限公司董事长
范良生校友

■　冯家钜

炎炎夏日，热浪席卷中原大地，我们采访团一行六人来到了位于郑州市的奇华利公司。淡蓝色的T恤衫，整齐清爽的短发，束腰的西裤，显得干练而严肃——在范良生的办公室我们见到了他。

两个样品柜上陈列着各种食品添加剂和配料样品，桌子上摆着茶具，旁边还有一个长方体的大鱼缸，鱼缸中只有两条身形差异较大的鱼。范良生笑着说，此前养了八条鱼，现在只剩下两条了，他解释道这是因为大鱼吃小鱼，是典型的“物竞天择，适者生存”丛林法则的体现。对于在商圈经营厮杀、努力抓取机会的每一家企业而言，适者生存这个道理显得尤为深刻以及重要。

驰骋商海不仅仅要有科学的经营理念，还要靠质量过硬的产品。“这个是辣椒油。”范良生拿起一个小瓶子说道，“这完全是用天然原料提取的，因为浓度高，所以国家将它列入食品添加剂管理范围。”他接着强调，国家对于食品添加剂的生产和使用，有严格的标准，依

《《《 范良生 FAN LIANGSHENG

[人物名片]

范良生，1978年入读华南工学院（现华南理工大学）微生物工程专业，高级工程师。先后担任河南省粮食科学研究所副总工程师、河南省食品科学技术学会常务理事、河南省食品科学技术学会食品添加剂专业委员会秘书长，受聘河南省牧业经济学院客座教授、华南理工大学食品工程与科学学院学生导师，现任郑州市奇华利科贸有限公司董事长。

据国标使用食品添加剂，可以使食品更安全、更美味、更营养、更健康。随后又向我们详细介绍了辣椒油的制作过程，相比于直接介绍公司的发展历程，他更愿意向我们科普食品添加剂的知识，处处可见他对于专业的执着和热爱。

年少颠沛

范良生20世纪60年代初生于豫西偏远山区农村，家庭十分贫困。小学期间，国家进行了一次教育体制改革，原来的春季入学改成秋季入学，他为此多上了半年的小学。由于本村没有初中，所以小学毕业后的范良生每天需要步行二十多里山路到邻村上初中，一年后，范良生的村庄也办了一个初中，所以在初二时又回到了自己村上学。那时候是1975年，范良生13岁。

当时师资和教室不足，范良生忆起初中上课时的情景说："初中一年级和二年级在一个教室上课，一年级有二十来个人，二年级就十个人，老师先给二年级的同学上课，上完课之后，二年级的同学出去阅读，然后老师再给一年级同学上课。"条件固然艰苦，但并不能削弱范良生对学习的热爱。

初中毕业，范良生没有一帆风顺地升上高中，在当时上高中是需要村里推荐的。因为父母非常支持家里的孩子读书，他的哥哥和姐姐已经是高中生，家里高中生的名额已经满了，他并不符合推荐上高中的条件。但是，上天总是眷顾努力的孩子，就在他初中毕业的前夕，乡里突然要办高中了，他顺利地成为乡办高中的第一批学生。学校离家远，每次从家到学校都要走5个小时山路，他都是周六下午步行回家拿粮食，周日下午再步行返校。5个小时的路程，挑着粮食，背着书包，其中的艰辛可想而知，如今回想起来，他幽默地说："别看我当时身材弱小，还是很能走的。"

范良生参加过两次高考，1977年一次，1978年一次。1977年的高考是在冬天，放暑假时，教语文的张老师告诉他，国家快要恢复高考了，暑假别回家干农活了，和我们一起复习功课吧。那年他15岁，听话的他假期就留在了学校，跟着老师一起补习功课。炎热的暑假，整个学校就剩下5个人留下复习备考；高考结束，两位老师被大学录取了，一名同学转到县高中求学了；范良生继续留在本乡高中学习，为1978年的高考做准备。半年的时间，他没有回过家，夜里也没有再回学生宿舍住，而是用一本书作枕头，累了就将就睡一下。

功夫不负有心人，几个月的复习之后，高考放榜，范良生化学考了98分（100分制），物理考了92分。当年物理卷子非常难，“92分据说是全区的第一名”，他自豪地说。

当时16岁的范良生在拿到华南工学院录取通知书之前，他还不知道这所学校在离河南1400多公里的广州。对于只从书本上接收信息的范良生来说，广州的初印象还停留在农民运动讲习所上，“那时候政治学得多，首先就是讲党的成立、党的历史，对广州的一个印象是农讲所，还有后来的广交会”。就这样，1978年10月初，在多次转车颠簸之后，他终于踏进了大学的校门。

华园奋学

“因为是恢复高考制度后的第一届学生，所以这届大学生特别珍惜上大学的机会。”在范良生眼中，1977—1979年的学生都是非常用功的，“在学校，大家除了学习，还是学习。”当问及大学时期最深刻的事情时，他想了想，说当时印象深刻主要是抢图书馆的位置，去教室上课的时候也是要去占位，“往前坐你才看得清楚、记得清楚，老师也能提问到你”。

大学里老师的爱岗敬业精神也让范良生记忆犹新。那时候，辅导员的房间一般在学生宿舍中间，而任课老师经常跑到寝室辅导学生，一百多人的大课，考试前几周老师都不再上课，而是到寝室门前摆一张桌子，坐在那里辅导学生。在他眼中，老师除了传授知识，还是为人处世的人生导师。教他们“生物化学”课程的袁振远教授，当时已经年过半百，在经历了二十多年的下放工厂劳动改造后，重返大学讲台，没有任何抱怨。每次上课都从市区乘公交车提前到教室，带着中午的盒饭。在讲台上，

年轻时的范良生在中山像前留影

他结合在工厂下放期间和工人一起对酱油生产工艺进行改造的实际，把枯燥的生化课，讲成了当时最受学生欢迎的专业基础课。午饭时，他用自带的生抽来拌饭，一边吃一边给同学们介绍各种天然香辛料的调味特征，介绍大蒜对人体的防腐消炎功能，等等。老教授的博大胸怀和职业操守，成了范良生未来路上的指路明灯。1982 年范良生毕业之际，一位任课老师跟他说："你别看现在白酒行业这么兴旺，但是未来发展是属于啤酒、果酒和氨基酸的。"现在看来，确实如此，三十多年前，那位老师就给学生指明了专业发展方向，华工老师对食品行业和国民经济发展预测的高水平让他钦佩不已。

当时大家的工作都是国家分配的，但创业是需要时机和平台的。范良生说，只有原来的平台发生改变，只有环境发生改变，人才会重新审视自己的内心和未来，思考要去改变自己。对比如今大学里鼓励培养三创型人才，那时刚从大学毕业的学生则更习惯留在原来的体制内，"人都是有惯性的，都希望保持现在的状态，所有的人都是习惯于保持稳定的状态。创新和改变，肯定是要有代价的"。

在采访中，他一再谦虚地跟我们说切莫将他当作成功人士，在他看来，每个人都有自己精彩的故事，十年，或者二十年后，我们这些后辈也会坐在这个位置跟后来的师弟师妹们一起交流，因为"每一个人的人生都会创造奇迹，你本身就是奇迹"。

范良生在访谈队旗上签名

社会有为

采访中，范良生送给我们每人一本他主持编写的《企业员工手册》，在员工手册中，他要求公司员工需要注意的礼仪规范，事无巨细到诸如主动与同事打招呼等细节，在他看来，这些都是一个人基本的素养。他叮嘱我们，作为学生更应该认真看，并打趣说："看透、做到，将来你去应聘的时候应该会被加分。"对于企业发展理念，员工规范手册中以"学习、创新、专业、服务"清晰地概括出来，他觉得企业文化其实非常简单，无非就是八个字"快乐工作，成就梦想"。

对于企业内部员工的培训，范良生也有着自己清晰的目标："要教他们有用的东西，万一下岗了还可以靠一技之长养家糊口。"他对于实践和细节的重视不仅体现在自己对企业管理上，还希望学弟学妹们能够吸取他的经验，提升实践和细节在学习和工作中的重要程度，每年他都会回广州给母校的学生上一堂实用、与生活接轨的课程。

奇华利奖励金是范良生在母校设立的企业奖励金，用于鼓励食品科学与工程学院品学兼优的学生和辛勤育人的老师。谈及设立这个奖励金的初衷，他深情地说："一方面，我对母校有着深厚的感情，希望出一份力，让母校培养更多的高素质人才；另一方面，大学期间，因为国家和学校的好政策，我每月享用了21元助学金，让我的大学能够顺利完成，感恩回报一直是我的心愿。"

范良生的公司内部墙上张贴着企业员工的照片以及介绍标语，"孝道"二字被着重标注了出来，与其说予人一种严谨的感觉，这更像长辈的悉心叮嘱。在范良生的工作照下写着他的人生格言"学习改变命运，勤奋改变生活"，没有华丽的辞藻，但却更显真切挚诚。

时代在变化，关于社会、关于人生、关于生活等细节变化，在这场晚辈与长辈的跨年代交谈中显露得淋漓尽致。这背后是整个国家、整个时代发生的巨大变革，一代代后人在时代的浪潮推动下，传承并发扬着前人的伟业和精神，正如校歌所唱的"前贤创业，后人图强"，正是他们的点滴积累，才有了如今富强的中国和我们幸福的生活。

范良生接受学生记者团采访

结语

“学校现在越办越大，在形象营销这方面我觉得学校做的还是不错的。”范良生在寄语母校时，对母校近年来不断提高的品牌知名度赞不绝口，他衷心祝愿母校早日跻身世界一流高校。

访谈愉快地结束了，在范良生身上，我们看到了时代以及社会经历在每个人身上的烙印，儿时求学的艰辛、在华园的刻苦求学、创业时期的奋斗……一点一滴塑造了他今天的性格：节俭、宽容、刻苦、踏实。对范良生来说，在上大学之前，大学并不是一个很具体的概念，可以说大学并不是一个具体的期待，它更多以“知识改变命运”的姿态根植于那一代人的心中。恰同学少年，风华正茂，尽管路程遥远颠簸，但是这一天总归是期待许久了。新时代的我们，在科学和信息发达的今日，更应该树立清晰的目标，朝着梦想无畏前行。

范良生（中）与学生记者团合影

实在人的实战故事

——访广东瑞马新能源科技有限公司总经理史玉军校友

■ 刘胜博

《《 史玉军SHI YUJUN

［人物名片］

史玉军，宁夏人，1988年研究生毕业于华南理工大学无机非金属材料专业。曾任职于万家乐集团公司副总经理，万家乐股份有限公司常务副总经理，广东美的集团威尚集团总裁助理，北京万联恒通科技有限公司总经理，万家乐热能科技有限公司常务副总、执行董事，迪森家居环境技术有限公司总经理，天津市工商联执行委员，天津市采暖散热器商会副会长，天津市宁河县采暖散热器商会会长，天津市宁河县政协委员、工商联副主席，中国建筑金属结构协会采暖散热器委员会专家组成员，中国土木工程学会燃气分会燃气供热专业委员会专家组成员，高级工程师。现任广东瑞马新能源科技有限公司总经理。

七月一个晴朗的下午，我们一行人乘车来到顺德瑞马新能源科技有限公司，准备采访史玉军校友。刚进总经理办公室，看见一个身影正在办公桌前忙忙碌碌地工作，他便是我们将要采访的史玉军校友。初次见面，史玉军校友热情、友善，比在照片上看到的更加激情，更加活跃，完全符合华工人的那种不拘小节，大大咧咧的性格，是一位性情中人。

奔向改革开放的前沿阵地

史玉军从小在西北油田长大，当时，在那个偏远的地方，文化教育相对欠缺，人们思想观念比较落后，一年没有几个学生能够读大学，史玉军在石油子弟学校上学，高中只有一个班，一个班也只有三十几个人。但史玉军学习非常优秀，当年高考，他以全县前三名的成绩考入华南工学院（现华南理工大学）。当被问起为什么当年选择到华工读书，史玉军侃侃而谈，当时到华工其实并没有别的想法，那时候生活在那么一个偏远的地方，对外面的世界完全不了解，甚至不知道有华南工学院，但是出于对外面世界的好奇，就萌生了一个想法，那就是走得越远越好。世界那么大，每年开学和放假的时候，就可以到其他地方去看看。其次，20 世纪 80 年代，正是改革开放的时候，广东作为改革开放的前沿阵地应该会有许多新的东西，出于这种心理，所以就选择到广东来读书。事实上，当时什么都不懂，对选择什么专业、未来从事什么工作完全没有任何想法，对未来的职业生涯并没有什么规划，也没有老师来指导，所以就莫名其妙地选择了华工的无机非金属材料专业，从此也就与华工结下了不解之缘。

谈到当年在华工的学习和生活情况，史玉军回忆道，在生活方面，华工学生课外生活还是蛮丰富的。当时他是学校广播站的播音员，学校每天都会组织学生到广播站播放一些新闻、小说、散文、诗歌等等，每周二、周四是他的工作时间，周二他会播放一些新闻，周四他会播放一些文学作品，这个活动非常有意思，可以拓宽学生们的视野。谈到这里，他非常高兴地说道："记得有一年，中国青年艺术剧院在华工表演，而且我也参加了广州市举办的青年文艺花会表演活动，为了能够排练好话剧，我们自己就连续看了三个晚上的话剧，值得庆幸的是，在最后的比赛，我们赢了中大，获得了表演优秀奖。"

除了这些活动以外，学校每年都会邀请国内外一大批在艺术方面有极高造诣的学者和艺术家来学校开展讲座，这对他以后的生活产生了很大的影响，他说道："记得有一年，中国知名小提琴家李自力先生到华工举办讲座，当时在现场真的被李老师的乐声给迷住了，一边拉小提琴一边讲梁祝，真的，当时才发现原来音乐是这么的美妙。"后来他就喜欢上了古典音乐，并且在万家乐工作的时候，还会抽出来一些时间给员工讲一些西方音乐发展史以及如何欣赏交响乐。此外，在华工，当时有一个勤工俭学的热潮，包括在校园里做生意、借用学校饭堂里面的厨具包饺子、参与社会活动等等，这些活动都对那一代的学生产生了很大的影响，培养了华工人那种无拘无束的性格。学习方面，他谈到，课程只要达到学校要求，华工是没有太多限制，他们可以有更多的时间去做一些有意义的事情。最令他庆幸的就是大学期间充分使用了图书借阅卡，每周都会到图书馆看书，在学校最快乐的事就是能够待在图书馆无忧无虑地看书。对华工老师的印象，他坦言说道："教我们热工学的杨淑子老师最令我印象深刻。”他讲话的语气和举止透露出对杨淑子老师的崇拜和尊敬。他也特别提到他的研究生导师何俊源教授，当时在华工读研究生的时候，何俊源老师经常会带他们到广东一些又脏又乱的小工厂去实践，“实践出真知”，他们感悟到，做事要实战，做人要实在，一切从实际出发，解决实际问题，这些对他们后来的生活产生非常大的影响，同时，也塑造了那一代华工人的精神。

提及在华工的最大收获，他开玩笑地说：“当然是收获了一个老婆啊！”当时男生和女生还是有些封闭的，史玉军的太太也是华工的校友，后来由于缘分使然才走在一起。真正给他带来收获的是华工那样一个开放的环境。当时人们的思想相对封闭，华工这样一个开放的环境，让他们有机会接触更多新的事物。另外，华工这样一个生活和学习的环境也让那一代华工人慢慢养成了做事实战、做人实在、立足实际的华工精神，无论是在学界还是商界，这种品质在华南地区都广为流传。

史玉军与太太重游华工金银岛

金戈铁马　驰骋职场

1988 年研究生毕业，史玉军来到广东顺德日用集团，日用集团有玻璃厂、水泥厂、陶瓷厂等，那时候研究生基本上不会去生产现场工作，一开始便在公司担任管理职位。一直工作到 1990 年，日用集团和食品集团合并成立轻工集团，那时候他在公司是管理层，必须学习很多食品类的东西，因为在研究生期间培养了如何快速入门新行业的能力，所以很快就对行业有了了解。1993 年，轻工集团和万家乐集团合并，于是史玉军就来到万家乐集团。他在轻工集团科技办时做副主任，主要负责一些对外技术工作，所以合并后他成为万家乐对外经济合作部的经理助理，参与过和东芝等一些国际大型企业合作的项目，开阔了眼界。1997 年，他成为万家乐集团的副总经理，并负责公司转制工作，主要做一些清产核资、安置人员等工作。1998 年下半年，史玉军到清华读了半年的

EDP 课程。回来以后，公司遇到一个难题，顺华电器在转制的过程中遇到了很多问题，于是他又担任该转制项目的主要负责人，最终完成了项目。后来他又回到了万家乐股份公司，主管财务、投资等方面的工作。到2001 年，万家乐股权卖给另一家公司，史玉军选择离开。

史玉军后来到了美的，工作了几年，受到朋友的影响，2003 年辞职到北京创业。当时他和万家乐集团商谈，使用他们的商标注册了一个项目，在北京开了销售公司，在天津开了工厂，做采暖散热器，在采暖行业做得非常不错。2011 年的时候，受到万家乐集团的邀请，史玉军又回到了万家乐，刚开始公司拨给他 8 个人组建新的事业部，开始做燃气壁挂炉，后来在长沙建立新的工厂并工作了三年，之后就到了广东蒂森。虽然当时蒂森是广东最大的燃气壁挂炉公司，但是连续三年业绩下滑，员工工作状态不好，史玉军用了一年时间来改善公司的经营状况，给公司带来了很大程度上的改变。后来，由于在管理方式上和董事长存在分歧，史玉军最终还是选择了离开。休息了一段时间后，史玉军于2017 年11 月份来到广东瑞马，他认为未来几年这个行业有一段快速发展期，希望再工作几年，为社会主义现代化建设再奉献一份力量。

这么多年的职业生涯给史玉军带来了很多的启发。他说，工作是要学习的，而学习又是为了能够更好地工作。以前他在万家乐工作的时候，每年都会给那些刚进公司的应届毕业生讲一些人生规划的课程，当然这些课程也都是他自己生活中总结出来的。每次讲课他都会提到，只有知识才能改变命运，如果不时时刻刻学习知识，总会有被淘汰的时候，人要想有竞争力，必须要时时刻刻去学习知识。另外，就是要以身作则。以前在做总经理期间，他手下有十几名骨干员工，下属的生活作风、劳动保险制度等等，他都会照顾到，不忘提醒下属如何去做。因为他知道，只有领导处处为下属考虑，下属才会处处为领导考虑。这么多年来，他感到最自豪、也最骄傲的就是每到一个地方都能开拓一个新局面，培养一批新人，而这些都得益

史玉军在会议上与同行讨论问题

于此。他认为年轻人最缺的就是职业指导，如果能够让他们养成一个良好的职业习惯，让他们试图摸索着前进，那么在未来的职业生涯中一定走得更加顺利。

勿忘华园　寄语后辈

采访临近结束，史玉军向后辈们提出真挚的建议：第一，要懂得坚持。坚持很重要。他记得在美的的时候，公司内部发表过一篇方洪波先生写的文章《城中十年》，文中提到，做一件事情要懂得坚持，成就一件事，坚持更是重要，在就职这方面，无所谓方向对不对，只要沿着一个方向走，肯定能有一番成就。第二，要时时刻刻学习。在学校里面学不到很多社会上的东西，学的知识有的也基本用不到，只有四分之一才有可能被用到，但还要保持学习，一个人能保持竞争优势的主要因素还是学习。第三，做事要认真。做任何事情都要保持认真，只有态度端正，才能把事情做得更好，做得更完美。第四，做人要有趣。人不能无时无刻都保持一副正经的状态，要做一个有趣的人，做人有趣才能使自己在工作场合更加容易生存，而不是给别人带来压力，这样做起事来阻力才会更小，才更容易实现。

结语

时间飞快，不知不觉之中已经到了傍晚，在采访结束之际，史玉军校友不忘提醒我们，作为大学生，一定要多读书，一定要能够明辨是非，并特别推荐给我们一本《经济学讲义》。在此，我们非常感谢史玉军校友给予的厚爱，愿每一个华工人能够始终把做事实战、做人实在、从实际出发，解决实际问题这种华工精神永远传递下去。

史玉军校友（右二）与采访团学生记者在公司门前合影

HU YONGFENG **胡勇锋** 〉〉〉

［人物名片］

胡勇锋，1977年3月出生，1993年入读华南理工大学无线电系通信工程专业。现任浙江菜根科技产业发展有限公司董事长、华南理工大学浙江校友会会长。

敢为人先　踏浪而行

——访浙江菜根科技产业发展有限公司董事长胡勇锋校友

■ 戴鹏

与胡勇锋会长约定的访谈地点在杭州“梦想小镇”。据悉，杭州“梦想小镇”位于中组部、国务院国资委确立的全国四个未来科技城之一的杭州未来科技城，是实现创新创业梦想的新高地。而胡勇锋校友，通过其对产业运营深刻的理解和成熟的体系，创建了浙江菜根科技产业发展有限公司，并作为全国各地众多特色小镇和产业园的运营商，秉承着“产城融合的实践者、转型升级的推动者、科创要素的集聚者、创新创业的服务者”的使命，取得了快速的发展。作为校友，我们不禁好奇，他的成功经验是什么？

情系母校　服务校友

初到“梦想小镇”，在园区入口处偶遇一群前来参观的游客，跟随人群，我们一行人往里走，这里更像是一条极具江南气息的老街，其间错落有致地安放着一幢幢颇具江南风情的房屋，在古色建筑中点缀着设计感极强的现代建筑。一条蜿蜒的小河流淌着，它贯彻整条老街，其上横跨一座石拱桥，越过桥，便到了今日的探访目的地——浙江菜根科技产业发展有限公司。

梦想小镇

门外是世界，门里是家。进入菜根公司首先映入眼帘的便是充满休闲氛围的茶水休息区，随后进入开放式格局的办公空间，让人感受到公司团队的朝气与活力。

1993年，胡勇锋进入华南理工大学电子信息专业就读。在谈到大学往事时，胡勇锋感叹道，大学生活是自己最开心最美好的一段回忆，他说："当时的环境不如现在，资源也相对匮乏，当年在华工读书时就是一心扑在了学习上，没有去培养太多的兴趣爱好，最经常的课余活动就是打篮球。"而说起当年在学校的一些趣事，一下就把这位优秀校友的记忆拉回到学生时代，他边回忆边笑着说："最记忆犹新的就是去食堂打饭，打一份饭回宿舍，从宿舍楼下就开始吃，爬到六楼，饭就吃完了。学生时代总是如此的无忧无虑，满足和幸福感总是来得那样简单。"

从毕业至今已近二十年，胡勇锋一直关注着母校的发展，包括国际校区的建设，华工浙江校友会的换届，"双一流"高校的建设，等等，母校取得的每一个成就，每一步发展都会让他心潮澎湃。谈到本次浙江校友会换届大会，胡勇锋说，本次换届活动把很多校友聚拢在一起，使浙江校友会的队伍更加壮大，从原本的200多人发展到如今的上千人，聚沙成塔，他希望有更多的华工人能够加入浙江校友会这个大家庭。而谈到担任本届校友会会长一职时，胡勇锋对众多校友对他的信任和支持表示感谢，他说："担任会长是为了更好地服务浙江校友会，尤其是看到其他的地方校友会发展日益成熟，我内心更加迫切地希望浙江的校友会也能日渐茁壮，不仅反哺于母校，也能更好地为同地区的校友们及时提供信息，搭建交流心得的平台。"

胡勇锋参加学校校友会理事会换届大会

顺势而为　敢为人先

胡勇锋在华工读的是通信工程和经济信息管理双专业，而他选择了创立一家产业运营公司。谈起创建菜根公司，胡勇锋给我们勾勒起一个思维导图，他说，在开始工作时，不用受限于专业，应当顺势而为，敢为人先。在学校时，胡勇锋作为理科生不仅动手能力极强，且理论知识亦非常扎实，特别是当接触并学习到"信号与系统"的学科，他从中得到了启发，发现自己非常擅长资源整合，慢慢地便培养这方面的意识和能力。从2014年开始，中国经济进入新常态，进行产业结构优化，经济发展方式转型，同时政府提出 "大众创业，万众创新"号召，尤其在浙江杭州，于是胡勇锋顺势创立了浙江菜根科技产业发展有限公司，并带领团队开拓市场，运营了杭州梦想小镇、人工智能小镇、广东千灯湖创投小镇、扬州创新中心、绍兴e游小镇等项目，而这些工作无不运用了胡勇锋当年在华工校园内学习到的资源整合思维。以“中国产业运营领航者”为奋斗目标，以“产城融合的实践者、转型升级的推动者、科创要素的集聚者、创新创业的服务者”为使命，莱根已发展成为中国一家专业的产业运营商，截至2017年底，莱根直接运营管理面积超过300万平方米，引进培育企业6000多家。运营产业涵盖互联网、云计算、大数据、人工智能、高端装备、新材料、新能源、生物医药、文化创意等，合作基金规模超过3000亿元。

创业创新　逐梦而行

目前国家处在产业升级、转变发展方式的攻坚时期，将创新作为新的发展驱动力是国家的政策，在如此背景之下，更多的大学生也投身到了创新创业的潮流之中，而对于大学生创业，胡勇锋表示，作为年轻人，总会有一些梦想，当年的自己也不例外，对于大学生创业，应当先积攒阅历，在前期先进行经验积累，再进行创业。关于工作与专业，胡勇锋表示，大学教育是通识教育，比较基于理论，宽泛且浅显，在选择工作时不一定需要拘泥于朝着专业发展，如果有好的企业，也可以跨越专业的限制去发展。其次，在当下这个时代，随着互联网的发展，我们获得知识的渠道数不胜数，不一定囿于课堂之上，如果自己是工科生，利用互联网一样可以学习到经济金融方面的知识，这同样也是一笔财富。对于大学生而言，在进行理论学习的同时，非常需要积极主动地去进行社会实践实习。抓住机会到企业中去学习、实践、尝试、交流，既能学到相关知识，也能拓宽自己的视野。而对于学校，也可以与校友企业进行

胡勇锋接受学生记者采访

合作，为学生打造实践实习的平台，例如实训基地，不仅可以将学校新鲜的人才资源输送给企业，同时也给年轻人一个走入社会，亲身实践的机会，将资源整合起来。此外，学校方面还可以围绕自身的尖端技术，将其市场化，培养更多企业家。

杭州有着良好的创业环境，浙江人有着创新思维的传统，“浙商”的名号享誉全国，作为华工校友，胡勇锋用亲身经历告诉我们，一步一个脚印有多么重要，正是如此，他借助平台的工作经历和经验，才为后来的创业创新打下了坚实的基础。在整个交流过程中，他多次提到华工人含蓄、内敛的为人处世风格，同时他更希望华工学子们也能积极地展示自己，能够将自身的优点表现出来，积极参加校外活动。

“今日我因母校而荣，明日母校因我而耀”。正如胡勇锋所说：“校友更是家人，共同成长，一起奋斗。我们应充满梦想，万一哪天就实现了呢！”

胡勇锋（中）与学校师生合影

落其实者思其树
饮其流者怀其源

——访佛山市英儒启航孵化器有限公司总经理冯坚强校友

■ 张怡

《《《 冯坚强 FENG JIANQIANG

［人物名片］

冯坚强，1997—2000年就读华南理工大学MBA。现任佛山市英儒启航孵化器有限公司总经理，佛山科学技术学院创业导师，汕头大学硕士研究生校外导师，华南理工大学3M专业学位硕士研究生校外导师，南京理工大学特聘教授。

七月的清晨，和风夹杂着微微细雨，洗涤着这片工业区的空气，润湿了我们每个人的身心。位于南海区的这片工业园中的佛山市英儒启航孵化器有限公司，正是我们此行的目标——冯坚强校友的创业大本营。

刚到冯坚强的办公室，映入眼帘的就是满柜子的荣誉证书，在这些年的奋斗历程中，冯坚强获得的头衔可以说是不计其数。应约而来，我们很快就见到了这位精瘦干练、目光炯炯有神的创业者，在一片茶香中，本次的访谈正式开始了。

出类拔萃　学业有成

冯坚强从小到大都是“别人家的孩子”，基本上从未让父母为他操心，在自己的事情上，父母也一直鼓励他自己做决定，尊重他的意见，这在一定程度上也培养了他独立自主的

冯坚强被南海区委区政府评为南海首届大城工匠，其事迹入选珠三角工匠精神展示馆

能力。冯坚强学习成绩一直名列前茅，中学时多次代表学校参加计算机等学科比赛，他还担任班长，并被佛山一中推荐入选为区优秀学生干部和市级优秀三好学生，所以在大家都忙得昏天暗地的高三时，他却轻轻松松地被保送到汕头大学就读，并且将这种优秀延续到毕业。他在大学期间担任学联和学校学生会主席，四年的奖学金都被他“承包”，妥妥的学霸一枚。四年本科毕业后，冯坚强并没有就此结束他的校园生活，在1997年，他成为一名在职研究生，进入华工攻读MBA课程，并与华工结下不解之缘。到2000年毕业时，他的课程总分名列前茅，平均分超过90分。他将学习的理论与自身工作相结合，并且在任兆璋、崔毅等老师指导下，撰写了《华远公司企业诊断与管理创新案例研究》，并获评优秀，是广东第一篇MBA案例分析论文，为他的求学阶段画上一个完美的句点。

矢志不渝　牢记梦想

每个人在不同的人生阶段都会有不同的理想目标，冯坚强也一样。小学时，冯坚强跟大多数小朋友一样，想当一位科学家；因为从小生活在军区大院，军人的英勇让他心生向往，他又想当将军；到了初中后，理想转变为成为一名军医，因为爷爷是中医，父亲从军，所以他就天天下课后看医书；直到高中，随着接触的东西越来越多，视野也愈加开阔，冯坚强才确定目标，下定决心：非国贸金融不读。他放弃中山大学中文系抛来的橄榄枝，选择读汕头大学的国贸专业。毕业以后，冯坚强进入佛山外经实业公司，他从扫地、擦桌子这些小事做起，深入细致地接触工作的每一个细节；1996 年 3 月，工作仅一年半，他就被任命为分公司副经理，成为当时外经系统最年轻的干部；1999 年到 2001 年，冯坚强出任南海区嘉美炉具制造有限公司副总经理，负责企业内部管理及海外市场开拓工作，产品外销至美国、日本、英国、德国。

谈到在华工 MBA 课程的学习经历，冯坚强很感慨：“这是我人生的一个转折点。”MBA 的学习，让他深刻认识到“工业支撑贸易，贸易拉动工业”的发展规律，工业才是贸易的支撑，工业才能报国，要实现工业化就要学以致用，将所学的工业知识用于实践。于是在事业的上升期，他毅然辞去即将晋升的职位和优厚待遇，不顾亲朋好友的反对，选择了一家私企的工作，他每天主动工作 17 小时，不计薪酬，不顾名誉，吃苦受累，精益求精，不断超越，一切都亲力亲为，为的就是积累经验。到了 1999 年，冯坚强开始自主创业，自己开设工厂，从经济行业跨到工程行业，职称也从经济师转到了工程师，这其中的艰辛困苦可想而知，但他还是咬牙一步步坚持了下来。

冯坚强（左一）参加南海区第七届“博士进企业”科研实践活动

良师益友　受益匪浅

在工作之余，冯坚强还热心校友会的工作，现任华工佛山校友会副会长兼副秘书长、华工南海校友会副会长。华工校友广泛分布在佛山、南海各行各业，各领风骚，华工佛山、南海校友会致力于为校友服务，力求“延续华工、联谊发展、服务地方、回报华工”。冯坚强牵头组建英儒启航科技孵化器，与

冯坚强（左一）参加九江英儒启航孵化器创新创业基地

华工等六所高校共同搭建高校技术转移中心，配合校友会整合校友资源，为佛山、南海校友提供技术、投融资等方面综合服务的平台，促进校友之间共同进步。他多次组织校友会活动，团结校友，带动年轻校友参与校友会工作，并且努力协助母校开展有关工作，积极联系南海具有代表性的企业，有效配合工商管理学院2018TOP Consulting 项目的开展。

回忆起华工岁月，触动了冯坚强心底最柔软的地方，他的成长与发展过程中深深烙下了华工的印记。导师任兆璋教授“发现问题，分析问题，解决问题”的观念至今都深深植根于冯坚强的心里，使他受益终身，在他创业遇到困难和问题时，总会想到任老师的这三句话。任老师严谨认真的治学精神深深影响着他，也映射在他现在的教育观念上，他教导学生要忍住社会浮躁，沉住气，不要过多计较名利。谈起徐学军老师，冯坚强忍不住热泪盈眶，在那艰苦的年代，是徐老师的教导和鼓励让他在工厂忍住艰辛，埋头积累，“成就了我的学业，成就了我的今天”。同学曾雁、毛卫东、冯云，师兄许冠……这些同窗好友，亦友亦师，在冯坚强创业时，在他遇到困难时，是他们给予了无私的帮助和关心，让他在创业过程中少走了许多弯路，成就了全新的自己。

冯坚强（右）在“移动大讲堂”新技术新产品交流会上

直至今日，冯坚强仍然谨记母校校训并时刻践行，他解释说“慎思”就是在做事的时候要谨慎思考，方案要不断比较论证，他曾经花八个月去攻克一个国外难题，认真梳理每一个环节；“笃行”则是指要创新、专注、实践、联动，在攻克难关时他联合多所大学的知识力量，整合资源，促进优势资源聚集，为我所用。

情系紫荆　筑梦未来

冯坚强一直热心社会公益，乐于奉献，他说：“一个人可以在不同成长发展阶段，根据自己的能力和条件，尽力为身边人做力所能及之事。”对于慈善，他是这样说的，慈善不应该以捐钱的数额为衡量标准，而应该以他捐款与自身财富的比重为标准，一个身家过亿的老板捐的1万元和一个穷人的100元意义是完全不一样的。

冯坚强长期致力于慈善事业，多年来，他默默帮助社会上的贫困、残疾学生和特困单亲家庭，十多年前曾被南海评为“帮助单亲特困母亲家庭爱心大使”。2014年“紫荆花”这三个字开始出现在他生命中。他作为“紫荆花”助学基金会的发起人、主要负责人、会长，和众多校友、社会热心人士一起，致力于帮助那些家庭困难的学生、处理突发困难的项目，抱着“回报母校，饮水思源”的想法，使“紫荆花”从无到有，从有到强，采用不同的方式募集资金，集腋成裘，聚沙成塔，让社会更多人士参与到“紫荆花”的活动中。在冯坚强的带动下，曾迅速为1989届袁绍辉校友筹集15万元，并持续跟踪多年，每季度还组织校友们上门探访跟进。这种创新共享发展的慈善方式将受助人带动起来，重建希望和信心。

冯坚强（右三）参加佛山市紫荆花助学关爱协会成立大会

紫荆花助学关爱协会也凝聚了一大批热心能干的华工校友（吴江、何舜、孔业锋、刘胜红、霍灿文、何奕勛等）担任重要骨干，自2014年成立以来举办了一系列有意义、有品质、有影响力的活动，特别是每两年轮流举办一届大型的校友慈善羽毛球赛、足球赛，足球赛曾得到国际足球巨星欧文助力，羽毛球赛曾得到世界冠军张尉助力等；温哥华市长（白求恩外孙）签发来访函，紫荆花组织温哥华华人足球队联谊赛；2018年，更得到诺贝尔奖获得者阿龙·切哈诺沃教授的力撑，支持紫荆花导师团举办论坛。

“赠人玫瑰，手有余香。”冯坚强以身作则，为我们这些后来人树立了典范。“落其实者思其树，饮其流者怀其源”，冯坚强在自己成功时也不忘为社会做出自己的贡献，为母校尽一份自己的力，用自己的实际行动诠释了“饮水思源”，这份赤子至诚实在令人赞叹、深思。

冯坚强（右二）与学生记者团合影

矢志不渝创新路
学怀远梦展鸿图

——访江门中建科技开发有限公司总监
徐卓涛校友

■ 张彦

《《《 徐卓涛 XU ZHUOTAO

［人物名片］

徐卓涛，广东江门人，1998年就读于华南理工大学电子与信息工程专业。2002年任职于广州电信。2004年回到江门进入中建科技开发有限公司，从事销售工作。现任江门中建科技开发有限公司总监。他带领公司开发出针对隧道、地铁、桥梁等基础设施项目的中建品牌灌浆系列产品，其中次纳米级的超细水泥灌浆材料获得国家级新产品、高新技术产品等殊荣。

盛夏的江门，不似火炉重庆般闷热，只是风中带着些暖意，渗入光影里，映上了绿叶。午后，我们乘车来到位于江门蓬江区的中建科技开发有限公司，一下车，映入眼帘的便是浅绿色的橱窗，大门上方“中建科技”四字也是用绿色为背景，初以为只是随意选择的颜色，后来与徐卓涛谈起公司“绿色建筑、环保高效”的产品开发理念，才恍然领悟此细微处用意之深。

初次相见，徐卓涛校友穿着一件浅灰色的短袖，黑色休闲长裤搭上黑色运动鞋，给人亲切又充满活力的感觉。随后在袅袅茶香中，徐卓涛校友将其经历娓娓道来。

学以致用　扬华园之风

说起母校，徐卓涛脸上洋溢着自豪的笑容，原来其父亲也是一名华工人，早在1965

年便来到华园，成为华工化工系硅酸盐专业的一名学生。谈起父亲对自己的影响，徐卓涛说，父亲是一个有着极强专注力的人，在人格上十分的正直，这为自己良好性格的养成提供了很好的榜样。而正是血液里的华工情缘，让他在1998年选择入读华南理工大学。

徐卓涛大学毕业时穿学位服留影

在电子与信息专业的四年求学生涯里，华工深深地刻在了他的记忆之中。“大学于我而言，不仅是汲取专业知识的场所，更是培养个人能力的地方，支撑我创业的毅力和韧性就是形成于大学时期。”徐卓涛真诚地说道。他还语重心长地告诉学弟学妹，大学的时光是十分宝贵难得的，千万不能虚度，要将目光放得更长远，在学习的时候多接触社会，与社会接轨，才能学以致用。可以多去了解自己专业的前沿技术，静下心来把每一件事情做踏实。当问到对于学业与就业专业差异的看法时，徐卓涛则分享了他的一些心得。他说，现在工作与专业不对口的情况很常见，尤其是当下社会发展环境，雇主市场居多，刚涉足社会的我们可以选择的选项较少，但最关键的是要掌握学习的能力，知道市场的导向。当然，如果兴趣和工作能相互结合，这肯定是好，但其实有些时候兴趣是要通过实践才能真正找到的。

毕业两年后，2004年徐卓涛再次进入华园在职修读MBA专业。因为他平时都要上班，所以只能利用周末的时间进行学习，“每个周末六点多就起床开车去广州上课。”徐卓涛回忆道。工作日已经十分的忙碌，而在周末也仍然要为学业奔波，可见徐卓涛对知识的渴望。在读MBA的三年里，陈春花老师精彩的授课给他留下了深刻的印象。他还坦言道：“我们学习到的很多是理论、概念，初时没有发觉用处，回头细味才觉得受益匪浅。”

突破求新　拓企业之路

中建科技的前身是徐父江门水泥厂属下的中建研发中心。1993 年，时任江门水泥厂厂长的徐父与相关技术人员一起成立了中建研发中心，“那时候我们主要是以技术服务和产品研发为主，专注于水泥基材料的开发与应用。‘科技创新、品质过硬’也是我们一直坚持的理念，适应市场、开发新产品是公司赖以生存和发展的关键。”徐卓涛说起公司的发展历程和经营理念，滔滔不绝。

2002 年，刚毕业的徐卓涛进入了广州电信。在电信工作的两年里，既有舒适也有挑战。说起挑战，他回忆道，曾经有一个大的合作项目，他在客户办公室门口从早上十点一直等到下午四点，只为一个能深入沟通的机会，而最后项目的成功更是与此密不可分。也正是这种经历锻炼出了他坚毅的品质，让他在后来的职业生涯中越走越顺。

徐卓涛介绍公司发展历程

2004 年，徐卓涛决定从电信辞职，回到江门进入父亲的公司工作。说起这次人生转折，徐卓涛坦言自己也是经历一次很痛苦的抉择过程。自己在广州电信已经有了一定的基础，工作很稳定且环境舒适轻松，而父亲公司所从事的行业与自己专业并不对口，需要重新学很多知识，具有极强的挑战性，不知道自己能否胜任这份工作。在进行了反复的思考之后，他最终还是选择辞去舒适稳定的工作，开展新的尝试和挑战。“江门，我生于斯，长于斯，是应该回来做点什么支持其发展。”怀着对家乡的情结，徐卓涛回到了江门，开启了职业生活新的起点。

刚进入公司的徐卓涛一边工作一边修读管理学。刚接触新的领域，他专注于在实验室里做基础的技术研发，遇到不懂的，马上翻阅大量资料，然后应用在生产实验中。2006 年，在具备了相关专业知识的基础上，徐卓涛开始做起了市场销售。谈到从技术到销售的转型，徐卓涛说，这也是他人生中非常难忘的一段经历。“当时销售部只有两个人，销售力量十分薄弱。”徐卓涛说起曾经的艰难时感慨道。“在计算机崛起的时代，市场趋向信息化，公司也应该相应地做出改变，不断突破才能生存下来。”正是带着“一定要把销售这部分做好”这股极强的信念，徐卓涛一直坚持下来，打造了一支由十多个有着丰富销售经验人才组成的销售团队。2008 年，徐卓涛引进了比利时企业的销售总监，为公司带来了更好的团队管理理念。

徐卓涛说道自己曾是个非常内敛的人，说话三句不离本行。而转到销售部门之后，自己有了很大的转变，学会聆听别人的需求，也学会了如何更好地表达自己的看法。在这过程中，他经历过许多的挫折，被人拒绝过很多次，受到过很大的打击，但是最终都坚持下来了，现在回想起每一次的失败都有不同的体会。而对“坚持”二字，徐卓涛也有着自己独特的体会。曾经有一个广州的项目合作迟迟没有消息答复，他便从江门开车去广州对方公司做进一步沟通，一直等到晚上八点左右对方才通知他前往一个偏僻的工地进行协商。然而道路泥泞，车子开到一半开不下去，只能走路前往，在路上他脑海中无数次闪过放弃的念头，也无数次选择了坚持，最后

徐卓涛在港珠澳大桥前留影

他用毅力再一次证明了坚持的价值。

结合自身的经历，徐卓涛向大学生们提了两点建议，一是应该主动给自己树立目标。如果未来希望成为企业家的话，就要跳出自己的舒适圈，多“折腾”，要更主动、更积极些。二是要多尝试和学习。犯错是没有问题的，不要害怕犯错，要多学习新的知识才能有所突破。

小而精美　望未来之貌

从2002年正式成立中建科技至今，已走过十六个年头。对于中建科技未来的期望，徐卓涛激动地说，希望有一天中建科技能在行业内成为标杆，做一个有五十年历史的企业，继而是百年企业。徐卓涛分析道，从2014年到2018的这四年里，市场状况有着很大的变化，逐渐出现了产值过剩的现象，恶性竞争、拼单的情况也屡屡发生，甚至曾经有一段时间公司销售额呈下滑趋势。这些都使他对公司未来的发展有了更加深入的思考：究竟公司的发展之道在哪里？思索过后，他定下了公司的未来规划——首先是要将服务做好，其次是提出一个整体的解决方案，以前的销售模式是依照客户的要求开发产品，现在不仅仅做产品的服务，更强调整体性，连带产品的周边辅助等一条龙系列，提高核心竞争力，使产品更有黏性。三是在产品这个核心上要更加深入，做微创型的创新，还要不断收集、连接、分析市场与产品的信息，让研发与客户的距离更近。

马云曾在2009年APEC峰会上作了一篇名为《未来世界　因小而美》的演讲，而对于企业来说，也是一样。徐卓涛一直在思考着，究竟是做“大而全”还是做“小而美”更有利于企业发展呢？在他看来，公司走“小而美”的模式更有利于发展，当产品在核心上做到细节的微创性，才能真正发挥出特性，展现出实力。他说，曾经有个朋友在德国看到一个年轻的小伙子在卖煎饼，手法十分娴熟，从火候到调味都掌握得非常好，他的朋友很好奇为什么能做到如此，便上前询问，后来得知那位年轻人已经做了七年的煎饼，对于在煎饼过程中的所有细节都了解得一清二楚。那位朋友回国后跟他讲述这件事，让他十分感慨。他说，现在更需要的是一种工匠精神，将细小的东西做到极致，才能在一个领域内做到差异化。

而对于华工学子的期望，徐卓涛说，华工学子从来都是勇于创新，自立自强的人。“路漫漫其修远兮，吾将上下而求索。”在漫长的道路上，要能不断坚持，不断地去追求和探索。他还建议大学生多接触社会，将基础知识和社会连接起来。要有自己的想法，不断思考怎么才能学得更好，回归实践，学会观察身边的人，学习他们优秀的品质。同时，不要忘记锻炼身体，他工作之后曾经忽视了运动，当意识到自己身体状况开始下滑才逐渐开始锻炼，现在的他每天都坚持运动，打网球、跑步、游泳，等等。

对于母校，徐卓涛也表达了自己对母校深厚的感情，希望母校能一直向前蓬勃发展。

徐卓涛（右二）与学生记者团合影

人生在世　要做很酷的事

——访芬尼科技创始人兼董事长宗毅校友

■　袁若萱

《《宗　毅 ZONG YI

［人物名片］

宗毅，1998 年就读于华南理工大学工商管理学院，获得工商管理硕士学位。芬尼科技创始人兼董事长，无边界教育董事长，AWHY Balance School 创始人，混沌大学广州分社、武汉分社社长，被誉为传统企业转型互联最成功的企业家。2014 年用互联网众筹模式打通“中国第一条电动汽车南北充电之路”，2016 年与西班牙人拉斐尔共同发起全球首次“电动汽车环游地球 80 天”，并担任中国队队长。

走进芬尼创意园，最直观的感受便是“酷”。墙面上随处可见变形金刚、小黄人等卡通形象；办公室的名字暗含玄机，均是员工的创意，“军机处”“神算子”等；接待大厅显眼处手绘了宗毅打通的南北充电之路的详细地图；远处窗户上更是张贴着宗毅的卡通形象照，幽默之余体现出其锐意进取的精神面貌。这一切都让大家对接下来的访谈愈加期待。

芬尼创意园内的空中泳池

求学华园　转型人生

1998 年，科龙兼并宗毅供职的华宝空调厂，他不幸失去工作。正在他心有不甘、对未来的人生方向有着些许茫然的时候，他得到了一个来华工深造的机会。回忆起那时的岁月，他自己笑谈“报名了以后，才发现很难考上”，因为当时的竞争很激烈，600 人中只有 60 人能够得以录取。为了抓住这个珍贵的机会，他住在五山门口的旅馆近一个月，恶补高数、英语等基础科目，最终得以来华工的工商管理学院就读。谈及在华工的经历与收获，一方面他谈起了陈春花和蓝海林教授对自己的深刻影响，另一方面他也提出主要的学习过程其实是通过同学之间的互相学习。对他来说，通过不断参观同学的企业，他拓宽了自己的思维，也渐渐积累了一定的人脉，这些都为他日后的创业人生奠定了一定基础。“正是商学院把我变成了企业家”，在华工的学习经历，是他由优秀的工程师转型为 CEO 的开端，使他在与他人的竞争当中站在了更高的维度。

宗毅在互联网大篷车活动中在大学演讲

对新鲜事物的好奇心　是此生最好的投资

酷6网创始人李善友曾这样点评宗毅："宗毅是个很奇怪的人，不是特别按常理出牌。"的确，无论是自创"裂变式创业"，还是决定打通中国第一条电动车南北充电之路，他总是试图去做一些别人没做过的事情。而这份与众不同的特立独行，无疑与他幼时的经历密不可分。宗毅出生于一个高级知识分子家庭，父母均毕业于西安交通大学，对他的教育是以"放养"为主，"在上小学前我几乎没有受过正规教育"。但是正是这种开放式教育，让他免于被"标准答案"所束缚，拥有了大部分同龄人所不及的好奇心与想象力。他认为想要创业，最重要的就是思维不受禁锢，很多传统意义上的好学生，往往太过于追求所谓唯一的正确答案，反而失去了对新兴事物的好奇心与探索的勇气。"创业就是别人认为不行的事情，你去把他做好了"。回顾自身的创业经历，从创建天元电器有限公司，到由空调行业转型空气能热泵，再到自己搭建电商渠道，乃至开着特斯拉，一路铺设充电桩，从北京自驾回到广州，都是在做别人认为不可能的事。在做一些自己觉得"很酷的事情"。他永远都保持着对于未知领域的好奇，因此在别人还犹豫不前之时他勇于踏出第一步。普希金说："大石拦路，勇者视为进步的阶梯，弱者视为前行的障碍。"遇见困难，只能让他更兴奋。正因为如此，尽管创业路上困难重重，他总是一往无前，永远不忘初心。

宗毅在打开通南北充电之路上海站

教育是此生最重要的投资

在芬尼创意园，有一片很特别的区域，叫作 “酷猴亲子乐园”，这正是芬尼的职工亲子之家。工作人员为我们介绍，这片乐园目前只对员工家属开放，占地600平方米，能容纳40个孩子，并配备有游泳池，开设了亲水主题课程，园区内更有大片的白墙，任由孩子们自在地挥洒自己的想象力。“创办超级幼儿园最初的起点是员工福利”，因为公司附近没有像样的幼儿园，孩子的教育成了员工的一大痛点，为了改善这一局面，宗毅决定自掏腰包，开辟出专门的天地，聘请那些有理想有情怀的老师，解决了员工的后顾之忧，他坦言甚至有人为此来芬尼应聘，原因之一就是为了孩子可以来到这个超级幼儿园学习。这个幼儿园为什么如此吸引人？其实这也是宗毅未来准备大力投入的一个方向，那就是基础教育。孩子是一个人一生巨大的投资，这份投资不能后退，更决定了自身价值的延伸。“我就是我父亲一生最重要也是最成功的投资。”除却拥有一位重视教育的父亲，宗毅自己也是一名成功的父亲，他的大女儿在美国名校就读。在对自己的孩子的教育中，他非常重视言传身教，重视培养自己孩子的勇气、爱心和想象力。很多国际高校，看中的并不仅仅是成绩，更多的是综合素质。他的女儿曾同他一道，开电动车环游世界，也曾在假期义无反顾地去非洲做义工。这些经历，都成为女儿简历上的亮点。因为自己的亲身经历和公司内部幼儿园的成功开办，“不甘寂寞”的他又把未来的目标定在了教育的发展上。他说自己想改变中国的教育模式，用超级幼儿园的平台吸引有使命感的老师，培养有好奇心、想象力，有勇气去探索未知，思维不受束缚的孩子。芬尼将会在他的带

电动汽车环球 80 天出发前宣传照

领下在教育这条路上勇往直前。有句台词很好地概括了宗毅的经历："最重要的就是去改变，改变身边的每个人，改变身边的每件事，唯一不变的就是此时此刻的勇气，如果能做到这一点，我们就能改变世界。"

前路漫漫　寄语后生

宗毅总结自己的经验时，他说最重要的一点就是不断学习，持续思考：不但从老师的课堂学习，从同学之中的 "高手" 学习，从社会上的经历学习；学习基础知识，更要学习看人的能力，学习用钱的能力。他认为大学学习的专业往往并不重要，重要的是对自己思维的锻炼。要在大学期间，有意识地培养自己终身学习、主动学习的意识与想法。他也提到在大学期间应该多去参加各式各样的社团活动，成为社团的组织者，尝试去组织大型活动。在这期间，遇到问题如何处理，怎样挑选合适的人选布置任务，怎样分配任务，怎样让他人听从自己的指挥，这些经验与经历会对未来的创业大有裨益。经历挫折与困难并不可怕，重要的是要保持乐观的心态。"因为一两次失败就放弃的人只会被社会淘汰"，任何时候，都要有继续前行的勇气和征途。"踏上征途就会风光无限，99% 的人却从来没有出发，我愿意做那个先锋。"他鼓励所有的华园学子，打开自己的想象力，一生一定要做一件很酷的事情。

HU ZHIPING 胡志平 〉〉〉

［人物名片］

胡志平，2008年毕业于华南理工大学汽车工程学院热能与动力工程专业，毕业后进入世界500强企业美国英格索兰（Ingersoll Rand）能源系统部及工业技术集团。2016年创建宁波兰尔森环境科技有限公司，现为总经理。

脚踏实地　仰望星空

——访兰尔森环境科技有限公司创始人
胡志平校友

■ 谢志澎

早就听闻“上有天堂下有苏杭”，火热的七月，我们一行人来到了人杰地灵的杭州，开始了寻访校友之行。

初见胡志平校友，自然而然的气质中流露出来一种典型的华工人印象：踏实、淳朴、实干，胡志平是个喜欢分享的人，从求学到工作再到创业，每一个阶段胡志平都很乐意向我们讲述他的经历，从他的叙述中，我们体验了醍醐灌顶的感觉。

华工岁月　沉淀实力

2001年，胡志平离开家乡，来到千里之外的广州求学。大一一年，由于自己内向的性格，眼界太窄，特别是在学习上，一开始觉得自己上大学的小目标已经完成了，便一度失去学习的动力，懈怠放松，大一结束评奖学金的时候，胡志平排到了班级的二十多名，这一大落差深深刺痛了他。当一个人重新唤醒心中的斗志，那么潜藏的实力就会加快呈现。大二一年，胡志平开始改变自己，主动向师兄师姐取经，在学习之余不断进行社会实践，发掘自己的兴趣所在；闲暇之时便在图书馆泡上一杯茶，品茶和阅读成了最美好的时光。胡志平回忆起他最喜欢在图书馆阅读社科人文类的图书，对于阅读的兴趣更是保留到现在："阅读能使人沉淀下来，安静地思考，给人冥想的时间与空间。"正是大二的"悬崖勒马"，胡志平的学习成绩突飞猛进，在低谷的时候不忘记反省自己，寻找出路，才能更好地实现自己的抱负，从此，对学业兢兢业业的态度就一直保持了下来。大三时胡志平一共修了 32 门课，更难得的是每门课基本都在 90 分以上。对胡志平学习能力以及努力程度最好的肯定，就是这一份令人满意的成绩单。

攻读研究生的时候，胡志平进入了人生的另一个转折点。研究生期间，胡志平不断进行社会实践，兼职、做项目等，一系列能和社会接触的事情他都主动去做，他还在大专院校兼职教授发动机原理这一门课，将自己学习的知识以及对这门课的理解进一步传授他人。胡志平幽默地说："相比在上海工作的前两年，我研究生三年过得更好，兼职赚了很多钱，经常请同学们下馆子，现在回想起那段青涩的时光，还是很让人怀念的。"胡志平还提到他读研究生时和老师一起接到佛山移动一个项目的经历。起初接到这个项目的时候，胡志平不知道该从何下手，毕竟他从来没有接触过 Java 这一门计算机语言，只能硬着头皮自学 Java 语言。但不论自己再怎么努力，一些太过于专业的问题自己还是没能解决，这时候他没有放弃，而

胡志平华工求学照

是努力思考，寻找解决的办法，他向导师提出一个建议：到计算机学院找一些兼职的师兄来帮忙写程序，这个问题就迎刃而解了。胡志平很明白自己的优势和短处所在，他清楚地认识到自己不适合写代码，写程序这些专业性太强的步骤还得由有相关专业知识的人来做，但他可以做佛山移动这个项目的负责人。

“现在已经不是单打独斗的时代了，即使你再强，但有些工作注定是要靠别人的协作才能更好地完成，我们要学会借势借力借平台，要主动去争取资源，在学术上要主动找导师要资源，遇到问题要多想点子，不要害怕困难。”胡志平语重心长地说道。正是因为早早地认识到了这一点，胡志平和他的团队交出了一份令人满意的答卷，他们团队为佛山移动设计的资产管理系统，到现在都还在正常运行。同时，胡志平也给出了另外一个建议：在大学阶段不要太在意得失，特别是在学术上不要太功利，不要觉得学习了什么出来工作就一定要用到什么，很多东西都是潜移默化的，它们会慢慢影响你的思维能力。你吃过的苦流过的泪，到最后都是财富，说不定以后工作中你的长处以及一些经历就会给你带来回报。大学是一个机会，它提供了很大的平台，要放开思路尝试，不要害怕失败，就算错了也不会有很大的代价。

胡志平给学弟学妹们分享创业故事

脚踏实地　上下求索

研究生毕业后，胡志平通过校招进入世界500强企业美国英格索兰（Ingersoll Rand）能源系统部及工业技术集团。通过之前的实践经历，胡志平发现自己对市场这一方面的工作比较感兴趣，而且英格索兰公司在制作工业压缩机这一区域有很强的实力，而制作工业压缩机也和自己的专业对口。所以在英格索兰工作时，胡志平每天都是全身心投入。"一个人全身心投入工作和混日子的收获是完全不同的，你只有全身心投入工作，热爱工作，日积月累，你才能在这方面做出成就"。他还风趣地说道："我走入社会以来，从未厌恶过我的工作，甚至周五下班的时候就会迷茫，因为第二天不用上班了；而周日晚上就会很开心，因为第二天就可以回到工作之中了。"

善于抓住机会也是一个人的极大优势。在公司工作的时候，当时公司想要做一个电子平台，需要有相关工作经验的人负责这个项目，胡志平认为这个项目和之前在佛山移动做的资产管理系统类似，虽然代码不同，但是其中的逻辑和结构并没有太大的差别，于是他便接下了这个项目并担任项目经理。他带领团队用了半年的时间完成这个项目，由于出色的工作能力，完成这个项目之后也就顺理成章地成了部门主管。这也就验证了那一句 "你吃过的苦流过的泪，到最后都是财富"。在开发佛山移动资产管理系统的时候，胡志平投入了大量的时间和精力，其中的苦最后都成了一段有意义的经历，而这些苦痛和努力，都在工作中得到了回报。

胡志平在美国工作期间于密歇根湖留影

纵使在公司做出了令人满意的成就，胡志平越发觉得外企的工作限制了自己的发展，虽然在公司工作的福利很好，但是外企“螺丝钉”的工作局限性凸显，没日没夜地工作让自己没时间和精力去进行职业的拓展。于是他毅然离开公司，计划给自己两到三年的时间去寻找另一条适合自己的路，找到一个能够使自己得到发展的方向。

在新的公司，胡志平依然从事着自己喜欢的工作，但相比之前，他有了更多时间去拓展自己的圈子，去摸索前进的道路。在新公司中，他认识了更多的人，有了更大的圈子，确定了自己前进的方向。胡志平的工作也越来越出色，他在市场营销、产品及品牌策划、市场及行业研究、业务发展及企业管理等方面积累了丰富的实战经验，为企业成功策划“Value Marketing”“愉悦客户体验管理营销”及“MRO 服务模式”等项目。因其成功的品牌策划，2014 年、2015 年连续两年荣获“德国荣格创新奖”。在积累了八年做市场的经验、综合考虑各方面因素之后，他认为时机已经成熟，决定辞职创业。

下海创业　触摸星空

2016 年 2 月，胡志平创建宁波兰尔森环境科技有限公司，翻开了人生的新篇章。即使在大众创业、万众创新的“双创”浪潮下，创业成功率仍然非常低。胡志平谈论到企业的生存，再次强调不论现在做什么事都不能单打独斗，要借势借力借平台。特别是对于创业者而言，创业公司需要生存，创始人就必须逼着自己去拓展渠道，多多进行交流分享，锻炼自己处事的能力，吸收别人成功的经验，反思他人失败的教训以免自己蹈他人覆辙。对于市场开发，这在很大程度上属于自

胡志平参加浙江校友会成立大会

己的老本行，胡志平有着自己独特的看法以及解决方案。针对市场营销问题，胡志平认为随着网络大发展，80后、90后逐渐成为消费的主体，他们对于广告的看法不同于之前，所以不是说公司做了广告消费者就会买单，就算投入再多钱，也不一定能做到精准营销；对于公司的运营，胡志平提出回归营销基本层面：即不论消费群体商业和背景如何变化，基本的东西是不会变的，那就是把产品、服务及客户体验做到极致。谈及公司的产品营销，胡志平强调必须精准营销，他要求产品的负责人到营销的一线去了解客户，只有找到精准定位的客户，才能找到客户的需求点，挖掘到客户的需求，才能更好地生产升级产品。

此外，胡志平还坚持愉悦的客户体验管理，特别是在当今互联网经济时代背景下，公司只有提供不一样的客户体验，才能使有需求的客户真正为“体验”买单，这就要求公司要有客户体验的理念。正是因为这一套严密可靠的管理运营模式，兰尔森环境科技有限公司在短短两年的时间硕果累累：凭借领先的技术及优异的市场表现，产品荣获2016年上海国际新风展荣获“优秀产品奖”，并成为行业内权威杂志《新净界》的推荐产品，同时荣获天津市政府采购平台指定新风品牌供应商及天津广播电视台合作推荐品牌。首创的专利产品“双工新风净化机”于2016年5月在上海国际新风展上荣获“2016年优秀创新产品奖”。

胡志平为公司代言

兰尔森目前在上海、郑州和广州设有东区、北区和南区营销中心，在宁波、慈溪及奉化设有研发中心和生产基地。销售渠道遍布北京、天津、河北、河南、上海、广东、湖北、江西、山东、安徽、江苏、浙江、广西等省市自治区。兰尔森北方区营销中心郑州，被河南省友好环境质量研究院、河南省室内车内环境及环保产品质量监督检验中心认证为河南省“双工新风净化创新示范中心”；兰尔森同时是天津市政府采购中心指定新风供应商，全国月子中心行业联盟集中采购平台唯一供应商。

谆谆教诲　寄语后生

兰尔森环境科技有限公司的初步成功，使胡志平更加坚定地朝着自己的道路前进，但他仍对当下有意向创业的大学生谆谆叮嘱：创业成功率不高，要想创业成功，一定要有基础，比如说实验室有项目，就可以尝试去将它作为一个创业项目，而不是头脑一热就创业，没有一个创业项目和企业运营经验的话很难做得长远，也可谓是举步维艰。

胡志平的跌宕人生经历、沉甸甸的嘱咐，他的每一个感悟，都会作为指引我们前行的灯塔。

不断探索　勇于创新

——访广东乐善智能装备有限公司董事长郭锡南校友

■ 朱跃宁

《《 郭锡南 GUO XINAN

［人物名片］

郭锡南，广东顺德人。2011 年入读华南理工大学 EMBA。1979—1982 年在顺德玻璃厂从事操作员工作，1983—1984 年在顺德桂洲大涌塑机厂从事技术员工作，1984—1987 年在顺德桂洲龙涌彩印厂担任厂长职务，1987—1995 年任顺德容奇乐善村塑料机械厂挂靠企业负责人。1995 年成立广东乐善智能装备股份有限公司并担任董事长。

小暑过后，天气逐渐炎热。怀着激动的心情，我们来到了位于顺德的广东乐善智能装备股份有限公司，广场的喷泉缓解了些许的暑气。办公楼外立着几个大字："并非'吹'能做到，乐善吹瓶机"，体现着该企业踏踏实实做事的精神。进入办公楼的大厅，大屏幕上播放着企业的宣传片，展示着这个企业多年的发展历程。在明亮的办公室里，我们听郭锡南校友诉说着他的故事。

华工之旅

郭锡南在入读华工 EMBA 之前，就已经是广东乐善智能装备股份有限公司的董事长兼总经理，拥有二十几年的工作经验，尽管如此，对自己高要求的郭锡南还是觉得经验不足，想要更好地提升自己，希望通过读书获得一个新的启发，学习新的工具，而在华工学习可以使他进一步了解更多的企业管理所需要运用的工具。2011 年，郭锡南开启了他的华工之旅。

问及在华工印象最深刻的事情时，郭锡南回忆道，在刚来华工的第一天，学校开展了一个活动，是关于体能的练习。大家要一起玩一个游戏，二十几名同学要协力翻过3米高的墙，这需要集体的力量。在当时并没有一个人站出来指导大家怎么做，他站出来了，告诉大家他的想法。同学们都认为他的想法是可行的，大家照做之后很快就翻过了墙。这个活动结束后，郭锡南成了他们班的班长，他当时只是一心想着让大家安全地翻过墙，没有想到会成为班长。这体现出了郭锡南的领导才能，他也连续当了两年的班长，与同学们之间的联系很密切。现在，他还会以班长的身份出席一些活动。

郭锡南 2018 年 7 月于苏格兰

身为班长的郭锡南与老师的关系也很密切，老师们给了他很多的启发。在众多课程中，郭锡南印象最深刻的是统计分析这门课，他对这门课特别感兴趣，听得也很认真。除此之外，精益生产也让他感触很深。在学完这门课之后，当年就把企业的成本降低了两百多万，可使用的资金也增加了一千多万。在这些课程中所学到的知识扎根在他的心中，让他能够更好地管理自己的公司。

在华工的学习也让郭锡南学会更加全面地分析事情。以前，他对现状的分析不是很详细，只是盲目地去判断。通过学习，他学会利用维度和关键元素去分析事态的变化以及现状，考虑好之后再做好定位，然后朝着目标方向积极去做。郭锡南说，如果想要成功，就必须要具备几个条件。他举了一个例子，假如要去顺德，首先你要确定选择哪些交通工具。如果你很迷茫，在公交车、私家车、城轨之间犹豫的话，这是很费时费力的。你需要做的是系统地分析，哪种方法来顺德是最省时省力的。读书给了郭锡南很多的启发，也让他的思维方式得到了提升。

虽然在华工学习的时间只有短短的两年，但这两年的华工之旅给郭锡南留下了难忘的回忆以及深刻的影响。他觉得华工是一个很适合读书的平台，在商业活动、生活、工作等方方面面，这个平台给予过他很多的帮助，特别是在工作方面。

郭锡南 2018 年 7 月于英国伦敦

企业探索

1987 年，郭锡南成立了广东乐善智能装备股份有限公司，并且担任董事长。转眼间，公司已经成立了三十一年，企业的投资、经营等对于郭锡南来说都是一个很大的考验。

郭锡南对自己的要求就是自己说的话一定要行动，不可以光说不做。他在商会当了八年的会长，商会要举办展览以及派人出国考察，这些都需要资金，而他自己一定会起带头作用，赞助给商会。他的这种品质，也是他能够带领公司走过这么多年的重要因素之一。

经营企业也是一个探索的过程，郭锡南在经营企业的过程中，发现自己有这个能力将企业经营下去，也发现自己在思维、构造方面有自己的特色。他便用自己的方法开创了新道路。企业能够走到今天是一步一步走出来的。

郭锡南说，他最感兴趣的是技术，公司目前拥有发明专利十几项。现在他虽然是在管理层，但是公司的重大技术策划还是他亲自做。在日常的管理方面，他会制定好关键指标。如果指标分析后发现有问题，就会做出一些改革的决策。一个企业的变革是很重要的，因此他把所学的知识运用到公司来进行变革。

企业的发展并不总是一帆风顺的。2000 年是企业经营状态最困难的一年，当时整个市场状态都不是很好，竞争压力大且人才不足，而郭锡南在经营方面也不是很顺利。那个时候他每天工作十几个小时，白天上班处理很多销售、生产、管理等方面的问题，下班以后仍在办公室对着电脑画图。每天在办公室工作到晚上 12 点才回家，早上 6 点钟起床。2003 年，郭锡南开始改变策略，招聘更多的人，培养更多的人才。但是，这样做也给公司带来了巨大的压力，增加人手意味着增加成本。他开展了员工培训，自己一手抓销售人员、生产管理员的培训，让公司走出了困难期。郭锡南清楚地认识到公司所面临的问题，提出了变革思路，让公司继续发展下去。在度过困难期之后，公司也在朝着越来越好的方向发展。

在不断探求的过程中，郭锡南感触最深的就是他必须考虑用什么技术去经营这个企业。他说："如果你在技术方面处在领先的位置，那么你就可以让用户相信你的东西比别人领先。"得到用户的信任，企业的定位就高。高技术可以得到高回报，他注重技术的发展，这也是企业能够延续到今天的重要原因之一。

谈及未来，郭锡南说他并没有什么规划，就想着把企业做好。但其实，没有什么规划是很大的规划。把企业做好，看似简简单单的一句话，想要做好是需要规划将来五年甚至更长远时间的事情。从技术方面的研发，到市场方面的需求分析，到公司治理的方法，再到员工的薪酬，要把鱼养好，得先把水养好。同样的道理，要把企业做好，得先把人养好。

郭锡南 2018 年 7 月于哈利波特电影拍摄现场

心系华园

在现在许多人关注的就业问题上郭锡南提到，大学生读书的时候要放眼未来，而不是为了父母的愿望去读书。企业现在所需要的人，不是全方位的，而是专业人才。他说："如果你什么东西都懂一点点，但是知道得不是很深入，来企业的话没法干什么事情。你需要精通某一项东西。在学校读书，那么多的科目，你把每一门都学精也不是很现实，不要说每一个科目都只学了皮毛，至少要有几个科目是学得比较深入的。"

此外，郭锡南还提到，大学生要有自己的兴趣爱好、人脉关系以及清楚自己的能力，并且对自己有一个清晰的定位。他认为大学生可以在暑假期间去企业实习，在企业找到一个自己感兴趣的岗位。在寒暑假，去企业锻炼体验一下，有利于找到自己的方向，帮助自己对未来的发展有一个清晰的规划。

郭锡南（左二）与学生记者团合影

WANG JUNXING **王俊兴** 〉〉〉

［人物名片］

王俊兴，2015年入读华南理工大学EMBA。华南理工大学EMBA联合会第三届理事会副会长，华南理工大学顺德校友会副会长。佛山市顺德鑫还宝资源利用有限公司董事长。

匠心独运　砥砺奋进

——访佛山市顺德鑫还宝资源利用有限公司董事长王俊兴校友

■　万彤

顺德永丰工业区的一块繁忙处，矗立着鑫还宝的办公大楼。绿色的漆面大门在保安的遥控下缓缓打开，大道两旁花木相伴、山水互依，绿色生态与和谐共荣的景观景象令人心旷神怡。从新厂参观回来的我们与王俊兴校友见了面。他步伐稳健、神采奕奕，一手提着黑色皮包，一手引导我们向他的办公大楼前进。

企业家是市场“摔打”出来的

“性格改变命运。”采访过程中，王俊兴用粤语强调这句话。在王俊兴看来，正确的时间做正确的事，正确的人做正确的决定是走向成功的第一步。“首先要把自己的坐标位摆正……你的性格适合干什么，你最想干什么，自己要彻底悟明、悟透，这一点非常重要。这就是初心。”不忘初心，方得始终。作为一名60后，当过兵，做过农民，也进过龙头国企。1998年从龙头单位“下海”创业，到现在整整二十年，二十年磨一剑，二十年风雨兼程，结出了鑫还宝这样一个“环保之果”——广东省乃至全国环境行业中的先行者、领跑者。

回望当年“下海”的时候，王俊兴说：“一志在胸中，两手却空空。唯有勤力干，打出一河山。”当时他在那个龙头行业工资很高，一个月几千块，而那时“万元户”已经算很厉害的了，“钱景乐观”可想而知。但是在王俊兴眼里，靠工资过活“没意思”。于是，他投入了创业的怀抱。

时势造就英雄，英雄也造就时势。谈起创业，王俊兴表示，成功与否跟“环境”有重要关系。他认为，想成功，天时、地利、人和缺一不可。天时，就是时代机遇；地利，即区位硬环境+经商软环境；人和，即有一个同心同德、同向同行的领军团队。“一头绵羊带领的一群狮子敌不过一头狮子带领的一群绵羊。”王俊兴举了个例子，顺德之所以商贸繁荣，就在于顺德人的务实创新、敢为天下先的精神，顺德是一片宜居宜商宜创业的沃土，所以顺德的商业与市场比较蓬勃。

总结几十年的从业与创业经验，王俊兴表示，想成就事业，一定要有“抗摔打能力”。一直以来，企业都在迎接挑战、负重前行，尤其环保产业这一行，市场淘汰率很高。拼搏了二十年，鑫还宝“活”了下来。面对市场挑战，他认为：“有问题不可怕，可怕的是缺乏解决问题的能力与坚持下去的定力，不经几翻摔打，如何能走市场的钢丝绳？”

实业兴邦，实业兴企。王俊兴也非常关注中国商业的整体趋势。他认为中国工商业大有可为，但需要培养大批“大国工匠”与“大城工匠”，以增强我们的创新意识和敬业精神。幸福是奋斗出来的，事业是苦干出来的。应该学习德国的工业发展，从1.0发展到4.0，脚踏实地，步步为营。

顺德市副市长赵海参观鑫还宝新厂

当问及王俊兴，回首过去最大的感悟是什么？他笑说：“企业家是市场‘摔打’出来的，在企业家的字典里，永远没有一成不变的‘拿来主义’。”

王俊兴（右一）参加 2017 年 11 月 WRK 国际会议

缘结华工　器重科技

说起进入华工学习，王俊兴用了“姻缘”二字。创办鑫还宝后，他深知，企业家不读书、不掌握一定的相关知识是行而不远的。他想，做企业得实干，华工是学习科学技术的理想去处，那里精英荟萃、大师云集，因此他最终选择在华工就读 EMBA。

华工的学习生活，短暂却影响深刻。每一节课，王俊兴都“严阵以待”，从不缺席。因为他觉得自己是带着问题来学习的，是来解决问题从而帮助自己更好地发展企业。相比以往遇到的照本宣科的上课模式，华工老师对案例的精彩讲解往往更吸引他，也给他在今后的企业管理上带来一些启发和参考。

作为华工的一员，王俊兴表示很骄傲。他说：“华工的学子进入社会搞科学技术，这是我们的优势方向。”科学技术是第一生产力，拥有科学技术的华工学子，一来可以立身立业，二来可以报国强国。

情系母校　寄语学子

“在学校学习和实干是两回事。”王俊兴拍了拍坐在身边二十出头的助理的肩膀，笑着说道：“他跟着我干了五六年才逐渐懂得如何处理问题。”对于还未踏入社会的大学生，王俊兴根据自己的社会经验给了四条建议：第一，一定要在实践中磨砺自己，只有自己实地考察过，才能知道自己面临着什么样的问题，又该用何种方法解决，带着问题去实践，比待在原地空想要有用得多；第二，要敢于面对困难，犯错之后要勇于担当；第三，善于听取别人的意见，将别人的智慧化为己用，学会善于和别人打交道，善于听取别人的意见，和成功的人接触；第四，不要盲目地模仿别人，不同的环境造就不同的人，对自己有清楚的了解比单纯地模仿别人的成功路径更重要。

对于将要踏入社会的华工学子，王俊兴认为，不一定白手起家、单打独斗。创业也可以有不一样的定义。初入社会的大学生可以先进入华工校友的公司学习，做好每一件事，不断培养自己的能力最后在公司占有一席之地，这其实也是一种“创业”。同时，他还建议，华工的学生应该找准自己的定位。我们善于技术，可以踏踏实实把技术学好，然后与不懂技术但是有别样才能的人合作、互补。

最后王俊兴还指出，在我们做事情的过程中一定要考虑到社会，考虑到朋友和家人，不能做利己不利人的事情。在自己成长的过程中也不要忘记帮助别人，正如有句话说的“帮助别人快乐自己”。只有保持这种积极健康的心态，才能在社会上站稳脚跟。

国际学者来访鑫还宝合影

在公司里，王俊兴经常跟他的同事说八个字：“敏于创新，融入匠心”，这是他奋斗多年的成功心得和做事法则。这八个字听来简明易懂，真正做起来却绝非易事。在王俊兴看来，华工是一个有温度、有高度的团体，应该形成自己的“华工朋友圈”，在学习上互相促进，在社会上联手创业，共建共赢闯天下。

对于将要踏入社会的华工学子，王俊兴寄望：就业也好，创业也罢，多感恩朋友的建议，不断聆听自己的心声，实事求是精准定位，砥砺前行不负韶华。

王俊兴（右二）与学生记者团合影

SOUTH CHINA UNIVERSITY OF TECHNOLOGY

2018

学术求索

博闻笃志　温文尔雅

——访广西壮族自治区环境保护厅原总工程师仇翰章校友

■　熊祖林　陈艾佳

《《《 仇翰章 QIU HANZHANG

[人物名片]

仇翰章，1939 年 5 月出生，祖籍广东南海，1956 年本科入读华南工学院（现华南理工大学）化学生产机械及装备专业，1979 年硕士入读清华大学环境学院，曾任广西壮族自治区环境保护厅总工程师，现任广西老科学技术工作者协会副会长兼环资委主任，华南理工大学广西校友会名誉顾问。

与仇翰章校友的初次见面，是在广西校友会的欢迎会上，这位温文尔雅、衣着朴实的长者给我们留下了深刻的印象。他热情地跟我们问好，与我们一一握手，并递上名片，其谦逊之态、温雅之风，让人心中生起一股暖意。

仇翰章为人低调，拒绝了很多外界的采访，但是却愿意毫无保留地与我们这些华工后辈分享他的人生经历与生活感悟。采访当天，我们按照约定的时间到达时，他已在楼下等候，亲切和蔼地跟我们打招呼，请我们到家里做客。当我们走入住宅楼一楼大厅，仇翰章顺手关掉了楼道灯，举动之自然，好像就是一种习惯，也是他的常态，这样节约能源的意识让我们这些年轻人也自愧不如。待大家坐下，仇翰章端出早已备好的水果和茶，开始跟我们分享他的故事。

结缘华工

仇翰章来到华园可以说是机缘巧合，却也

学生时代的仇翰章

是冥冥中自有定数。“在我心目中，我很喜欢当时国立中山大学，在中学时期，就立志学好数理化，一定要考中山大学。”谈起自己的志向时，我们仍能从语气中感受到他的期望与理想的温度。在中华人民共和国刚刚成立的时期，举全国之力发展工业，“搞好数理化，走遍天下都不怕”在那一代人身上体现的也是淋漓尽致。然而，恰逢全国高等学校院系调整，华南工学院就在原中山大学石牌校址组建而成了。填报志愿时，仇翰章毅然决然地选择了华南工学院。据他所言：“华南工学院就在中山大学校址，因为我也去看过好几遍了，所以就报了华工，而且我把华工报第一志愿第一学校，清华我报第二。”足见那颗年轻的心早已对华园这片土地魂牵梦绕。

谈到自己为何选择了化工机械这个专业，仇翰章脸带笑意，这其中也有一段故事。本因数理化成绩优异，他被分配到了热门的机械制造工艺专业，而当时苏联的化工业正兴旺发达。在那个模仿学习苏联的年代，化工机械这个专业引起了他的极大兴趣，随后仇翰章便选择调专业，想要去学习化工机械。当时，教务长劝他：“你数理化那么好，你调不可惜吗？”仇翰章坚决地说：“不可惜，这个专业是新兴的，我有信心。”他早已把个人的抱负和国家的命运紧紧结合在一起，国家需要什么，他就去学什么、做什么，而这在仇翰章之后的人生中也得到了印证。

求学岁月

在华园的五年时光，对仇翰章来说是快乐而又短暂的。他回忆起这段时光说的第一句话就是 “感谢华工，她的教育文化和我国其他大学比起来是非常扎实，很务实”，这也是仇翰章在武大、清华、天大、北大、同济、交大、浙大等多所国内高校待过之后的真切感受。

读书时期，仇翰章是个有些许调皮的学生，成绩优异。老师提问永远是抢答，是举手最快的那一个，以致后来老师都觉得仇翰章过多地“剥夺”了其他同学回答问题的机会而不问他。“我从来不会补考，学习委员补考的课程我也不补考。我们有一门课叫作理论力学，老师讲得很好，但是难度很大，超过80%的同学补考了，我还是得85分。”在同学们的眼中，满是羡慕和不解，“你这个家伙到底是怎么学的？”学习之余，仇翰章每周还会有一个固定的任务，便是去给罗明燏院长整理书房。“罗院长是一个业务至上的学者，专注学术，不修边幅。罗院长的书房就在今天的发电所内，他的书乱七八糟，我每个礼拜就去帮他清理。罗院长很喜欢我。”说到这里，仇翰章脸上是止不住的笑容。

庆祝母校五十周年仇翰章代表广西校友会赠送“明志”石

除了学习，在体育运动上，仇翰章亦是卓尔不群者。大学期间，仇翰章是华工校体育队的中长跑队员，曾代表广东省参加全国田径运动会，可见其水平之高。卓越的运动能力必然离不开旷日持久的艰苦训练，在仇翰章眼里，训练早已结合在日常的学习生活之中。“我们上课其实是跑动的，在法学院、文学院都上过课，没自行车我就跑步。”除此之外，每天沿百步梯上下跑动数十次当锻炼，绕东湖数十圈练长跑，这看起来更像是把运动融入血液里。而这样的锻炼习惯仇翰章也一直保留至今日：每天五点半便起床，进行锻炼，随后再开始一天的工作。尽管年近八旬，他的身板儿依然硬朗，爬山是日常，“五十个一组的俯卧撑能做三百个”，这样的体格真是让许多年轻人都自愧不如。

悉心从教

从华工毕业以后，仇翰章开始了他的从教生涯。曾经有位教授希望仇翰章留校任职，然而这个对外界充满着无限好奇的年轻人，最终还是决定去外面看看，去探索更为广袤的中国。他先是来到了武汉科技大学，或许是上天觉得这样的人才应该拥有更为广阔的平台，在一次仇翰章带学生实习讲课的时候，偶然被武汉大学领导看中，“他就叫我去帮忙讲讲，后来他干脆说过来武汉大学算了”。

仇翰章在课堂上授课

仇翰章的教学能力很强，多次被评为武汉优秀青年教师标兵。当教师期间，他一共上了七门课，当时对任课老师的要求是，每上一门新课都需要经过考试与试讲，要考得好同时讲得好才有资格上。即使是这样，仇翰章上的课也越来越多，化工机械、化工原理、硅酸盐机械与装备，等等。与学生待在一起，仇翰章有着自己的相处之道，他说：“必须要有一定原则，在要求严格的前提下，可以灵活。”他解释道：“在考试、复习讲课的时候，若有学生不听不认真，我就扔粉笔过去了，但是下课之后，和学生一起打球、游泳，我一样也不差，学生也都很喜欢我，课后的辅导、活动都来找我。”面对各种荣誉和称赞，仇翰章也只是浅浅一笑：“我是按照我的人生定的准则——厚德、敬业、完美。这个事情我做了，就要尽我所能做到最好。”

被问及印象深刻的学生，仇翰章露出自豪之情。原中央候补委员、河南省委副书记范钦臣便是仇翰章的学生，“读书时他家里很贫苦，但是学习很刻苦”。曾经洛阳牡丹节时，范钦臣请仇翰章前去游玩，仇翰章见到这位学生后对他说干得不错，这个学生回答说：“没有您就没有我。”仇翰章觉得很安慰。除此之外，仇翰章培养出许多学生，从政，从商，早已在祖国大地上扎根，在那个大搞建设、人才紧缺的时代，是许许多多像仇翰章这样的优秀教师，支撑起中国的希望。

致力环保

又是在机缘巧合之下，仇翰章离开了武汉，离开了那三尺讲台，带着他对世界的好奇跳入了一个新的领域——环保。仇翰章被调至广西壮族自治区环境保护科学研究院从事科研工作，也是在这里，他考上了清华大学研究生。“当时清华大学要求地方培养一些学生，但是几批考下来都不行，当时我已经40岁了，单位叫我去考，然后就考上了。”语气是那么的云淡风轻，当初那个把清华填为第二志愿的少年，时隔二十多年，还是踏进了清华大学，修读水环境系统工程，这在当时也是新兴的专业之一。

仇翰章（左一）就读清华大学时期与教授交流

学成以后，仇翰章回到了广西，在环境保护厅任职。“清华大学曾组织过一次全国专业统考，全广西只有我一个100分。取得这样的成绩，和我在华工养成的扎实学习的基础是分不开的。”后来，仇翰章当上环境保护厅的总工程师就是水到渠成之事了。扎实学习、踏实做事的品质使得他在专业领域上出类拔萃，在垃圾分类、污水处理、废物利用等环境保护问题上有着诸多建树，曾多次在国际会议上宣讲论文。

仇翰章一直踏踏实实、勤勤恳恳地沿着自己的人生规划做实事，一生没有加入任何党派。“当总工没有权，但是有具体的工作。”仇翰章人生的机遇很多很多，许多人劝他从政，可仇翰章都拒绝了，他认为当官不适合自己，也并不是自己的人生规划，所以他从不动摇，选择了在环保厅工作直至退休。

发挥余热

从环保厅退休以后，仇翰章并没有闲着，似乎变得更加忙碌。2000 年是仇翰章退休的第一年，在众多原省市领导的推举下，他加入了广西老科学技术工作者协会，并担任副会长。这个副会长，既是大家厚爱，也是仇翰章能力使然。

老科协是由我国老科技工作者自发组织成立的工作团体，现已发展至全国，各个省市自治区都成立了老科协，个人会员近百万。仇翰章在老科协的工作，简而言之，就是组织好老科技工作者，致力于给政府建言献策。为了做好这个工作，仇翰章一直保持关心时事的习惯，时至今日，科技类新闻仍是他的爱读之物，还有平时老科协的资料，也一定都要认真阅读，紧跟时代，为政府提出优质、中肯的建议。仇翰章说自己是“没有明天的人”，尽管现在身体很好，但是身体里有着一些不可预测的毛病，当它爆发的时候，自己便主宰不了自己了。“在这最后还有一些余热的时候，我要呕心沥血，把我的精力基本上用在国家需要的地方。”是什么力量支持着仇翰章一生为国奉献，他说：“就是我个人的人生规划和定位，厚德、敬业、完美。”

仇翰章登“猫儿山”

寄语学子

仇翰章的一生，是传奇的一生。教育、环保、建言献策这三个不同的方向，仇翰章是干一行，爱一行，精一行。广州、武汉、北京及广西等多地辗转，仇翰章总是出现在祖国需要的地方。回顾这漂泊的经历，他却说："平凡一生没什么建树，不求有功，但求无过。"其谦谦君子之态，让人难忘。再回头看之，其实他目标明确，一生对"厚德、敬业、完美"这六字箴言孜孜以求，经得起各种诱惑，在人生路上敢于选择自己喜欢的事。

此次访谈之行，仇翰章更多地把它看作是老学长对小师弟小师妹讲述华工的历史沿革，寄语学子，希望同学们能将定位与人生规划和现实情况相结合，以厚德、敬业、完美的心态对待每一件事，将自己锤炼成国家栋梁！

仇翰章（左三）与记者团合影

YUAN FUSHAN 袁富善 〉〉〉

［人物名片］

袁富善，1939 年出生，广东省化州市人，中共党员，教授。1965 年毕业于华南工学院（现华南理工大学）重化系，并留校任教。1973 年调入广东石油化工学院，曾任化工专业主任，党支部书记，学生科科长，党委副书记。1985 年 11 月起任广东石油化工高等专科学校党委副书记；1994 年 6 月起任党委书记。1989 年晋升为副教授，1995 年晋升为教授。曾兼任中国石化总公司政工研究会理事、广东省学校青年工作研究会副会长、广东省高等教育思想政治研究会和党建研究会理事。现为广东石油化工学院关工委（关心下一代工作委员会）主任。

老骥伏枥　潜心育人

——访广东石油化工学院教授袁富善校友

■　刘欢

现如今，广东石油化工学院已是一所以石油为特色，省市共建的高水平理工科大学了，然而它的发展远远离不开在背后辛勤付出的园丁们，其中包括袁富善校友。我们一行人来到袁富善校友的办公室，见到我们这些华工小学弟学妹，袁富善校友热情地接待我们，心情很激动，好像翻开了记忆中尘封已久的照片，一直兴致勃勃地给我们讲述他大学的有趣往事。

华园思忆情依依

初入华工，作为一名乡村子弟，他给我们讲道：第一次只身离家从化州坐火车经湖南衡阳历时 48 小时到广州求学的艰辛；1962 年国家遭遇三年经济困难，学校饭堂的咸鱼煲仔饭窗口学生排队到马路上的场景；他在法学院、图书馆攻读、求知的往事；漫步湖滨路、金银岛，攀登百步梯的真切感受；1964 年庆祝校庆十二周年运动会上由他领操的工程理化系入场式表演获得第二名的喜悦；到白云山的难忘春游活动；学校组织师生到英德抗旱的经历；1964 年参加万人珠江畅游活动；等等。谈话间，时而忆及师长的谆谆教导，时而回味同窗学友的深情厚谊。他说：“虽然这些已成往事，但留下来的却是最美好的回忆和乐趣。”

袁富善（前排右一）与工程理化系学生会委员合影

袁富善（后排右一）与共青团无机五乙班团支委成员留影

老园丁养成记　把青春和年华献给了学校

袁富善风趣地讲道：“我的工作是从事学生思想教育开始的，很巧合，我发表的很多文章就以‘园丁’为笔名。1965 年，我毕业于华南工学院重化工系，当时，国家刚实行高校辅导员制度，我服从分配，选择了留校任教，当一名政治辅导员，一干就是八年。1973 年，我调入当时的广东石油学校。四十五年来，从一名教师到化工专业班主任，从学生科长到学校党委书记，可以说这是党培养的结果，是党给了我极大的勇气和力量。我虽然是读工科的，但几十年的经历主要是从事学生的思想教育和党的建设工作。我与学生工作有着不解之缘，对学生工作有着深深的情怀。

袁富善（前排右一）与论文组成员合影

长期的实践使我体会到学生的教育工作是艰苦的，需要细致与耐心，需要情与爱；但有苦有乐，学生教育工作是艰难的，需要勇气和魄力。在几十年人生长河中，奋斗人生，艰苦与欢乐，个人与组织，索取与奉献，现在总算慢慢品尝出一些味道。虽然现在我已经退休，但还是心系学校，从事关心下一代的工作。”前不久袁富善在广东石油化工学院校报上发表了一篇《学生工作的情怀》，就学生工作的体会，讲了与学生工作的不解之缘，学生工作的苦与乐，育人奋斗需要奉献。

袁富善还讲了他在学生工作中感受最深的事，帮助一位犯错误的学生成长为一位优秀的共产党员。1984 年，有几位山东的学生与其他同学打群架，打伤了同学。违反了我国治安管理条例，主要闹事学生被市公安局拘留教育，袁富善与校学生科的同志到官渡看守所保释被拘留的学生回校。打群架的学生们意识到了他们所犯的错误都很害怕，过年不敢回家。为处理这次事件，院学生科、保卫科、后勤处和专业领导组成了帮教小组，对犯错误的学生们进行思想教育、劳动教育和心理疏导。那年春节，袁富善还特意邀请留校的学生们到家里做客。同学们深受感动，认识到了老师没有因为他们做错事而放弃他们，决定痛改前非，在哪里跌倒就在哪里爬起来。后来，几位同学组织起来，每天负责清洁厕所，用自己的汗水冲掉自己的污点。主要闹事的学生也努力学习，关心班集体，同学们选他当班长，并被评为“优秀学生干部”“三好学生”。

袁富善（右一）出席华南理工大学建校 60 周年招待晚宴

袁富善还讲到他在校工作这几十年最高兴的是学校更名为“广东石油化工学院”，他说道，当教育部批准时，那一刻，他是喜极而泣。而最遗憾的事又是1993年申办建立广东石油化工学院没办成功，可以说袁富善对学校的发展是极为关心，不愧被称为是老园丁啊。

此外，袁富善还对校史十分执着，几近达到痴迷的地步，退休十五年，从来没有停止过对校史的挖掘和开发，还经常给校报写文章，提供一些思想性、教育性内容，增加一些正能量。

茂名校友会的热心会长

袁富善是茂名校友会的热心人，德高望重，是校友会第一届至第四届会长。从1989年筹组成立茂名校友会开始，他就把自己的心思与校友会紧紧连在了一起。二十八年来，校友会校友由600多人发展到2600多人，成为在茂名市有较好凝聚力和影响力的校友会，这与他的努力是分不开的。在袁富善的组织下，每年理事会都组织部分理事举行新春团拜会或联谊活动；逢五周年、十周年都举行全市校友聚会，请母校领导、专家、教授、艺术团来茂名慰问交流演出；热情接待应邀和路过茂名的母校领导、专家、教授；向母校校友会会刊供稿等。这些行为大大地增进了校友与校友之间、母校与校友之间的联系与感

袁富善（二排左六）在茂名校友会蓝莓基地合影留念

情，发挥了桥梁与纽带作用；促进母校与地方的科技合作，得到茂名市领导的好评。在母校建校六十周年校庆时，袁富善组织系列庆祝活动，先后编写出版了《华工学子在茂名》《茂名学子华园情》，以及不同时期的校友会画册、通讯录，还发动校友为母校教育基金会捐资助学，得到母校领导的高度赞扬。袁富善对校友工作做出的不懈努力，得到理事会和广大校友的赞许。在2017年12月第五届理事会换届时，理事一致推举他继续担任会长，袁富善风趣地说："既然难于推卸，就小车不倒只管推，再做一届吧！到了下届，我也应该休息了。"提到茂名校友会，他总是十分的自豪，喜悦之情溢于言表，可见袁富善对母校的感恩之心。

袁富善（前排中）与茂名校友会成员在活动基地

在访谈过程中，袁富善处处透露对母校的自豪之情。他一直关注着学校的发展，全身心地投入校友的工作中，也和在茂名的华工校友积极联络。

最后，袁富善说："退休后哪里都不去，坚守在学校，学生有什么事，需要我时，不管见过面还是没有见过面，只要是学生，都有求必应，积极参与，这已成为我的一种习惯、一种乐趣、一种需求、一种责任。"他仍继续在广东石油化工学院关工委发光发热。

鞠躬尽瘁　无愧我心

——访河南省科学院生物研究所研究员刘仲敏校友

■ 张静文

《《《 刘仲敏 LIU ZHONGMIN

［人物名片］

刘仲敏，1956 年 8 月出生于河南省开封市。1978 年 3 月本科入读华南工学院（现华南理工大学）微生物工程专业。毕业后分配到河南省科学院生物研究所从事科研开发工作。2016 年 9 月退休。

“天地一大窑，阳炭烹六月。”这句诗可谓是当下郑州的真实写照。但当刘仲敏校友和颜悦色地向我们走来，引我们进入办公室后，一切燥热都被窗边的几片树荫遮掩。已经退休的他把大多物什都带回了家，正在办公室做最后的收尾工作，桌椅沙发和老旧的台式电脑基本上填满了并不宽敞的办公室。待客之道茶为先，我们一行入座后，刘仲敏校友为我们泡起了河南特产信阳毛尖。

缘结华工　受益无穷

刘仲敏出生于书香世家，幼时接受国文历史、唐诗宋词、书法、国画等教育，在家庭环境的熏陶下，刘仲敏自小就喜欢读书习字，学习成绩一直名列前茅。在上小学时，他就读完了《水浒传》《西游记》《三国演义》《红楼梦》等古典小说，以及《苦菜花》《迎春花》《林海雪原》等现代小说。在刘仲敏读小学和

刘仲敏接受学生记者采访

中学期间，“读书无用论”的论调在学校里泛滥，但他仍坚守初心，从不听信谣言放弃学习随波逐流，“不学文化知识是一种极大的浪费”。

1974 年高中毕业后，刘仲敏成了待业青年，他四处打工的同时并没有放弃学习，在业余时间自学文史知识。1977 年恢复高考时，离校多年的刘仲敏数理化知识已忘掉了许多，按理他报考文科上大学的机会更大，但是，经历过国家积弱和动荡的刘仲敏抱着“民以食为天，从事食品加工专业可以学到一技之长，既可以为老百姓生产食品，自己也有饭吃”的想法选择了理工科。

天道酬勤，刘仲敏以优异的成绩被华南工学院微生物工程专业录取，拿着录取通知书的刘仲敏坐上 36 个小时南下广州的火车，开启了华工的求学之旅。

进入大学，同学们都十分珍惜这来之不易学习的机会，大家在学习上都非常刻苦、努力。当问及在校期间同学们的学习生活状况，刘仲敏笑言：“我们当年自制能力很强，除了上课和辅导，同学们根本不需要老师管理。”刘仲敏这样形容当时的学校生活：“大家学习热情高涨，闻鸡起舞、挑灯夜战，同学们一大早就起来跑步、读英语，晚上十点以后才陆续熄灯。大学四年，每周上六天课，课程排得很满，四年下来，我们学习了二三十门课程。同学们都很努力，也很优秀，每

学生时期的刘仲敏在华工 1 号楼前

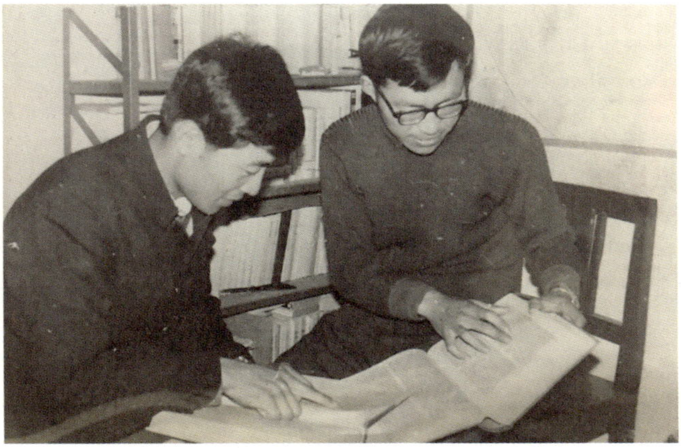

学生时期的刘仲敏（左）在图书馆查阅资料

次考试成绩90分以上的人数有百分之四十之多，可谓是精英荟萃，难分伯仲。”

随着学习的深入，刘仲敏愈加认识到当时我们国家科技、教育和工业的落后。他们那一代人都经历过生活的艰辛，大家都十分关心时事政治，每到吃饭的时候，同学们都围聚在一起纵论国家大事，大家都认为改革开放、科教兴国、实业兴国是振兴中华的必由之路。”大学期间，刘仲敏因兴趣所致写了不少诗词，其中一首七言绝句：“莫道科学有艰险，我辈此去定破关。发奋攻读今日事，云横万里长缨展。”可谓是当时心情的真实写照。

华工的莘莘学子，来自全国各地，因云山隔阻，只能与家人信函联系。初来乍到，身为北方人的刘仲敏对广州湿热的气候不太适应，天气最热的时候，在宿舍里都用湿毛巾披在肩上，一边学习，一边用湿毛巾擦汗、降温。尽管当时的学习、生活条件远不如现在，但大学生活依然是丰富多彩，充满了诗情画意。

回顾四年的大学生活，刘仲敏从心底里感叹“缘结华工，受益无穷”，老师们深厚的学术造诣、严谨的治学态度、对学生们的教诲和关心，使他不仅掌握了基础理论、专业知识和学习方法，还掌握了从事科研、设计和生产等方面的基本技能，为将来从事科技工作奠定了良好的基础。更重要的是，学校和师长教会了他如何“诚信做人、认真做事”，使他终身受益。

学以致用　知行合一

1982年1月毕业后，刘仲敏分配回到家乡工作，在河南省科学院生物研究所开始了长达三十五年的科研生涯。当时正值国家改革开放，急需科技人才，因为具备扎实的设计和生产知识，刘仲敏很快就进入了独立从事科研开发工作的角色。

刘仲敏在生物科学研究院前留影

1983 年，刘仲敏主持完成了河南省新乡县啤酒厂的设计、安装、试车，这是他运用专业知识服务于经济建设的开端；1985 年，主持完成了河南省偃师县酶制剂厂的设计、安装、试车、投产，为河南省酶制剂产业的发展拉开了序幕，首开了先河；1986 年，参与了郸城乳酸厂（现为河南金丹乳酸科技股份有限公司）年产 3000 吨乳酸生产线的试车、生产，为今后我国乳酸产业的发展奠定了基础；1987 年，主持完成了“花生酱的研制”项目，在河南省博爱县投产，1988 年获河南省科技进步三等奖。

此后，刘仲敏先后与多家企业合作，围绕产业发展与技术进步开展了多项科研工作。如，在漯河双汇集团实现了“屠宰废弃动物血发酵生产蛋白质饲料”的规模化生产；与烟台张裕公司合作开发了高档起泡酒，填补了国内的产品空白；参与了河南金丹乳酸科技股份有限公司“L- 乳酸产业化关键技术研究”，解决了 L- 乳酸产业化生产的一系列关键技术难题，实现了我国乳酸产品的更新换代；近年来又主持研制开发了 4 种新型酶制剂，填补了国内空白，打破了跨国公司的技术与市场垄断。

从事工业生物技术研发工作三十五年来，刘仲敏先后主持完成了河南省重大科技专项、河南省重大科技攻关项目、国家“十五”重大科技专项、国家微生物绿色制造产业化重大专项、国家 863 前沿计划课题等 10 余项国家和省部级重大科技计划项目，不但取得了显著的经济、社会和环境效益，而且提升了相关行业的技术水平，本人也荣获了河南省科技进步二等奖 6 项、三等奖 1 项。

在开展研发工作的同时，刘仲敏还一直从事学术研究，为高校培养研究生。他曾先后出版了学术专著 6 部，主编的《现代应用生物技术》一书（化学工业出版 2004 年出版，100 万字），目前已成为国内众多高校生物工程专业的教学参考书。此外，他还在SCI期刊、国家级学报、国家核心期刊上发表学术论文60余篇，其中有20余篇获得了河南省自然科学优秀论文奖。

以上列举的只是他在科研开发与学术研究方面取得的部分成就，乍看起来，他就像一个“工作狂”，然而，没有坚定的信念和对事业的热爱，是难以完成上述成就的。

回忆起三十五年的研发工作的经历，刘仲敏深情地说：“从事科研工作以来，有车间的机器轰鸣、有出差路途的劳累、有失败时的沮丧、有产业化开发的艰辛、有集思广益的讨论、有锲而不舍的艰苦攻关、也有成功时的喜悦，可谓是苦辣酸甜、五味杂陈。但是，我报效国家的初心未改、信念不变。”

“博学慎思　明辨笃行”是母校的校训，也是刘仲敏的座右铭，是他事业成功的关键词，刘仲敏反复强调“笃行”二字尤为重要，而他的工作成绩就是“笃行”二字的真实体现。在刘仲敏看来，科研成果要更多的应用于实践，这才是真正的学以致用，他认为，一个有责任担当、有爱国之心的科技人员，就应该亲自到生产实践中进行躬耕，做到学以致用、知行合一。

在2016年退休之际，刘仲敏曾讲过这样一段话：“回顾三十多年的科技工作经历，我没有辜负家人的期望、学校的培养；我用自己的辛勤付出，实实在在地为河南省生物产业的发展壮大做出了应有的贡献。我的论文论著不但写在了书本上，也写在了生产第一线，写在了产业发展的进程之中。我对得起国家、对得起人民、对得起社会、对得起众多企业、对得起纳税人，也对得起我自己。我将问心无愧的为自己的职业生涯画上一个圆满的句号。”

鞠躬尽瘁　无愧我心

“你的大学生活是怎么度过的？”这是20世纪80年代初，杨振宁、李政道等世界著名科学家在中山大学讲学时，有人提出的问题。当时李政道先生是这样回答的：“我是一天一天地度过的。一朝一夕成就不了个人，只有年复一年、锲而不舍地学习、工作，才能达到理想的彼岸。”此情此景，刘仲敏现在回想起来仍记忆犹新。

河南省一些报刊的记者采访刘仲敏时也提出过类似的问题，他说这个问题很难回答。他认为李政道先生已经给出了最好的答案。“不积跬步无以至千里，做科研、做学问不可能一夜之间就成为英雄。”他也对此做出了回应。

刘仲敏的一个重要理念就是要把知识、技术应用到生产实践中去。他说，只有这样做才能为人类造福。周围的同事都这样形容刘仲敏：当官的并不喜欢他，群众喜欢他。因为他敢于直言，敢于为民请命。他于2002年加入民革后，对老百姓关注的民生问题，进行过大量调研，先后撰写了六份参政议政提案提交省政协会议，为社会公平慷慨陈词，为民生问题建言献策。这些提案后来都得到了回复和解决，其中有两份提案还被评为优秀提案。

刘仲敏一直把为人民谋福祉的信念根植于心中，上大学时想的是民以食为天；工作了则是勇于在实践中躬耕、造福于民；“鞠躬尽瘁但求无愧我心。”刘仲敏这样谦虚地形容这一生的成就，“做得不好，但尽力了。没有辜负学校的培养，没有辜负家人的期望；对得起自己，对得起母校”。

尽管退休了，刘仲敏还经常为企业进行技术指导，为高校开设讲座，拥有丰富实践经验的他可以列举出很多实际案例，以加深学生对理论知识的理解。

结语

采访接近尾声，刘仲敏为母校献上了诚挚祝福：希望母校早日跻身于世界一流大学！华南理工大学有这种实力，尤其是工科的优势，华工工科要发扬光大！国家富强、民族振兴不靠实业、不靠工科还是很难实现的。

刘仲敏为华工学子写寄语

退休后的刘仲敏依旧精力充沛，他现在有了更多的时间专注于挚爱的书画，并重新备齐了文房四宝，闲暇之时书写几幅诗词，“修身养性于书法、诗词之中”。采访结束后，刘仲敏还在老式电脑上与我们分享了他收藏的书画照片（原作存放于家中），其中，他外祖父于安澜的书画在众多名家字画收藏品中令人眼前一亮。

年过花甲的刘仲敏功成身退后的精神生活也十分充实，仿佛还是那个在外祖父耳提面命下吟诵诗词，时常踏青的小男孩。

“人皆苦炎热，我爱夏日长。”我很喜爱这夏日时光，正是有了这漫长的白日，我们才能与刘仲敏在并不宽敞但却闲适的办公室里畅谈了一个下午，以彼之人生经历，启迪我们的人生。

刘仲敏（中）与采访团合影

CHEN LINFENG **陈霖峰** 〉〉〉

［人物名片］

陈霖峰，广东顺德人，1982年至1986年就读华南工学院（现华南理工大学）建筑学系建筑学专业本科，1986年至1989年就读华南理工大学建筑设计研究院建筑设计专业硕士研究生，国家一级注册建筑师、高级建筑师、高级城市规划师。1989年至今在佛山市顺德建筑设计院有限公司任职，先后担任方案室主任、副院长、院长。曾任佛山市政协委员及顺德区政协委员、常委，现为佛山市人大代表，广东省注册建筑师协会常务理事，佛山市政府立法咨询专家及佛山市重大行政决策咨询论证专家，顺德区公共决策咨询委员会委员。

追寻建筑梦　永葆赤子心

——访佛山市顺德建筑设计院有限公司院长陈霖峰校友

■ 殷　璇　徐凯歌

七月盛夏，蝉鸣声声。怀着憧憬与期待，我们来到了佛山市顺德建筑设计院有限公司。踏入这方远离喧嚣的设计领域，映入眼帘的便是古色古香的小庭院，木质设计和一潭静水似乎也在诉说着建筑设计师们宁静淡泊的秉性。

在茶香缥缈的会议厅，我们终于见到了陈霖峰校友。他身着白色衬衫，戴着黑框眼镜，笑容亲切，神采奕奕。在整个采访过程中，陈霖峰校友侃侃而谈，从故乡往事谈到华工生活，从人生经历谈到未来规划。随着采访的逐步深入，我们对陈霖峰校友的崇敬之意也愈深。

天资聪颖　筑梦华园

顺德是陈霖峰成长和工作的地方。因为父母工作调动的缘故，陈霖峰也随之转了很多学校，做“插班生”。在20世纪70年代，除了日常的学习，许多孩子还要帮助父母做家务活、参加劳动，陈霖峰也不例外。陈霖峰就曾帮助过家里做一些小的经营、养殖，还有一些手工劳动。他喜欢读书。轻松的学习状态，在考试时也不会忐忑紧张，这样的良好心态让陈霖峰保持着积极的学习状态和优异的成绩。

学生时代与同学参加广州美术馆（左起陈霖峰、蔡永毅（已故）、何龙）

随着改革开放的推进，珠三角地区充满了机遇，无论是外出就业还是继续读书深造，都是不错的选择。所以陈霖峰也很轻松地参加了高考。高考揭榜，他不出意外地考取了顺德第一名。父母期望就读的医学、当时热门的无线电，都不是陈霖峰的最终选择。在中学时期他很喜欢写写画画，班里黑板报的编排版面、设计画画等任务，他几乎都是主力军，结合从前的经历与老师的建议，陈霖峰选择了华工建筑学专业。

建筑学课程有趣却也繁重。“设计是一件很神圣的事。”没有绘画的基本功，画图自然就会面临很大的压力。在读书时，陈霖峰花了很多时间琢磨手头的基本功，从中也养成了一丝不苟的态度。后来学习了许多资料和接触了许多建筑大师，陈霖峰的思想也转变得非常快。

上天会眷顾努力的人。本科四年兢兢业业，陈霖峰又以优异的成绩考上华南理工大学建筑设计研究院，并成为华工建筑学院四位创建者之一的林克明教授与郑鹏教授的弟子，并有幸得到陈开庆、何镜堂、林永祥等大师的指导。

肆意青春　感念恩师

青葱的少年时代充满了热血与活力，谈起大学时代，陈霖峰的声音也变得欢快愉悦。除了参加学生会、运动会的活动，他与同学组织了一个非正式性的乐团。没有专业的学习，凭着天赋、运气和练习，他不仅会弹吉他，还会拉小提琴。对待乐团，他始终是充满了认真和热忱。

1989 年 6 月陈霖峰硕士研究生毕业论文答辩

谈起华工的老师，陈霖峰满是感慨。他情真意切地反复强调：“我觉得华工的老师是世界上最好的老师。从低年级到高年级，从本科生到研究生，老师们都特别好，我真的很感动。”在他眼中，华工的老师都很有内涵，看问题尖锐深刻，都很有能力。老师不会刻意追求一些虚的、概念上的东西，而是踏实地在学术界实践历练，教给学生实用且扎实的技术。在读书时，老师不仅关注学生的学习，也很关心学生的生活。老师们会把学生带到家中教他们削铅笔，也会常常慈祥地嘱托学生要注意身体、懂得劳逸结合。

研究生时期，陈霖峰的导师林克明带给了陈霖峰许多感动。导师对待学生像是对待自己的亲孙子那样。当时林老年事已高，行动不便，学生们都是去到林老家中上课。每次去上课，林老都会特别高兴，准备很多好吃的。陈霖峰笑称：“现在，林老的旧宅已经被政府列为历史建筑，是文物，我和师兄王茂生在文物建筑里吃了好多好多次饭。”

攻坚克难　步履不停

在华工读书时，陈霖峰就已经有了明确的职业规划：“我从来都没有想过干其他的，就是建筑师。”1989 年研究生毕业后，由于种种原因，陈霖峰放弃了去美国留学的计划。当时的顺德是改革开放的前沿，急需大量的人才。抱着“只要有项目设计可以做就行了，不一定非要去大城市”的心态，陈霖峰回到了家乡顺德，开始了顺德建筑设计院的工作生涯。

后来的几年，是顺德吸纳人才的高峰期，许多来自清华大学、华南理工大学等名校的优秀学生来到这里，顺德建筑设计院从陈霖峰来时的几十人逐步壮

陈霖峰（右）与香港堪舆学宗师蔡伯励老师合影

大。在华工导师的帮助下，广州建筑界一些元老级的人物也挂名在设计院。历经几度合并，设计院也从乙级设计院变为了甲级设计院。

从离开母校到现在，陈霖峰与建筑设计院一路一起成长，得到了包括岭南建筑大师梁昆浩先生、香港堪舆学泰斗蔡伯励先生、广州景观设计大师蒋汉先生等名家的提携、点化，与华工的不少老师更是长期保持联系，在学术和项目实践中得到刘管平、谭伯兰、魏长文等老师的指导和支持。如今，顺德建筑设计院已比当初的规模壮大许多，也更加完善、成熟。但是对于未来的发展，陈霖峰也坦言道："我们传统的建筑设计院正处在变革的前夕，可能走到了一个比较迷茫的十字路口。"他希望他的团队可以培养更多的年轻一辈，给年轻人更多的空间和舞台，而把他自己作为其中的一分子，不放弃对专业的追求，始终保持初心，做好不同的作品。站在公司的角度，人才流失严重的问题也不断引发陈霖峰的思考。如何建立激励的制度，如何提高公司的吸引力，他正在摸索。

陈霖峰（左）与何镜堂院士在2018年华南理工大学粤港澳大湾区校友会大联盟成立大会合影

在其位，谋其职，身为建筑设计院的院长，陈霖峰的责任也更重。不再只是一个单纯的建筑设计师，不再只是考虑自己设计的事情，现在的陈霖峰，认为自己应该多花点时间考虑整个设计院的长远发展。

不忘初心　砥砺前行

陈霖峰是一个“长情”的人，对建筑事业数十年如一日，专注和热情。成也萧何，败也萧何，对于陈霖峰，得意与失意都离不开作品。中标、得奖、有趣的项目，令他开心。而遗憾失意则是因为有时没有把握住机会，时间不足或是不够认真，做出的作品令人遗憾。有些作品可能自己很满意，却受到客观因素的限制，只能停留在图纸上却不能真正建成。而他自己对于这种情况，却保持着良好的心态，从不气馁。他从不认为这是白白付出。有时候目标达不到，其实也没有关系，总会有一些意外的收获。在他看来，创作的过程实际上也是一个积累的过程，积累人脉、积累经验，整个团队也得到了一次宝贵的锻炼机会。

陈霖峰（前排左四）组织顺德土木建筑学会赴逢简水乡考察合影

回顾自己的人生历程，陈霖峰不认为自己是个成功的人，只是觉得凡事有因有果。“人就是要付出，就是要立足本心，用心付出，做一些正能量的事情，总是会有回报的。”陈霖峰认为，做项目、待人接物时，要从一个比较正面的角度去处理问题，不必一味追求利益、追求结果。把一件事情办好，把一些关系处理好，更加重要。

陈霖峰认为，不要以为事情过去了就过去了，其实很多事情，身边的人都有在留意，都会产生或好或差的结果，只是不一定会马上显现出来。

陈霖峰在 2018 年设计院新春晚会上致辞

情系母校　寄语学子

在陈霖峰眼中，华工校友是一群特别讲义气的人，大家的交往没有那么多拐弯抹角，都是有趣而舒适的。华工不乏牛人，他们不会到处张扬，而是踏踏实实、默默地做出成就。陈霖峰嘱托华工学子，华工是讲技术的，每个人都应该学好技术，技术是支点，也是思考问题的起点，专业基础很重要。“科技是引领世界发展的重要动力，不仅要学好书本上的知识，也要紧跟时代潮流，不受限于自己的一方小天地，放眼全世界，接收新资讯。”

身为华工人，陈霖峰有着满满的自豪。实力雄厚，谦虚低调是他对母校的印象。他关注母校的发展，希望母校的名声和实力更加匹配、更有号召力的同时也要保持华工的本质——培养一代又一代有本事、有能力且自强的人才，能够突出自己的特点，不会迷失在社会的大潮流中。华工可谓是企业家的摇篮，而企业家是贡献社会的主流力量。陈霖峰相信，华工的学生完全有这个能力在将来的社会中有更好的发挥。

在融洽的气氛中，我们结束了对陈霖峰校友的采访。在采访中出现频率很高的几句话“不忘初心，做正能量的事”“华工太低调了”“华工人特别义气”让我们印象深刻。其间流露的是陈霖峰校友对母校的自豪，对华工人的牵挂。勤勤恳恳，专注于建筑设计，他的坚守令人动容；不求功名，享受于创作过程，他的务实令人尊敬。建筑师陈霖峰的默默耕耘，代表了一代华工人的精神。

陈霖峰用热爱与勤奋绘制出了卓越的建筑人生，也鼓励着华工学子向着更加宏伟的目标而努力。愿所有华工人都可以像陈霖峰校友一样，立足本心，开拓进取，为社会的建设尽自己的一份绵薄之力。

陈霖峰校友（左二）与学生记者团合影

不忘青云之志　笑谈一蓑烟雨

——访华南理工大学教授安然校友

■ 刘佳玮　邓紫麟

初次见到安然教授，她一身蓝色调休闲打扮，运动短衫外搭一件针织长袖，宽松的牛仔长裤，舒适的平底布鞋，爽朗的笑声，自然沉静的气质十分贴合“安然”这个名字。忍不住好奇询问了安教授名字的来由，她笑着说没有什么特别的含义，名字是父母起的，姓安取名安然，但一路走来，越发觉得人生经历、发展、性格，与自己的名字非常契合。

路途挫折　机会相伴

环顾安然的办公室，书柜占据了整个墙面，书柜里整齐摆放着各式书籍。安然爱读书写诗，但凡有所触动的事或物就想提笔写诗。写诗的习惯是在英国留学时养成的，英国是一个非常美的国家，一个人的读博生活十分孤独，在诗歌里安然找到了心灵的寄托，写诗成了最好的情感抒发方式。安然的文艺细胞在国内求学就已凸显，华工研究生求学期间喜欢朗诵的安然加入华工话剧队，成为话剧队的积极

《《安　然 AN RAN

［人物名片］

安然，1964 年 2 月生，湖北武汉人，归侨，无党派，1985 年 7 月参加工作，1988 年入读华南理工大学外语系应用语言学研究所班，英国雷丁大学多元文化教育博士毕业，哲学博士。现任华南理工大学国际教育学院教授、新闻与传播学院硕士生导师、工商管理学院博士生导师、教育部国别与区域研究基地（备案建设）——印度巴基斯坦研究中心主任、广东省公共外交与跨文化传播研究基地主任。

分子。当时的话剧队是由广州市话剧团直接指导的，在广州市话剧团名演员的指导下，安然的文艺才能被激发。1989 年华工校庆，她不仅担任主持人，还与广州市话剧团台柱潘伟行合作朗诵，成为学生时代难忘的记忆。

安然文艺之路的拐点出现在广东省首届大学生形象大赛，代表华工参赛的安然在预赛上发表了一篇有关女研究生的演讲，这个主题在1990 年代实属稀少，因此大受好评，取得了初赛第二名的好成绩。但承受着巨大期望的安然感到压力，对自己不够自信，最终决赛遗憾落选。这件事对安然打击很大，研究生毕业后前往广东外语外贸大学任教期间，她许多年不参与文艺活动，直到出国之后，安然对文艺活动的喜爱才又被唤醒。

留学期间，安然在雷丁大学的学联担任文艺部长。1996 年雷丁大学在竞选全英学联主席单位中幸运地超过牛津、剑桥、伦敦大学等顶级高校，成功竞选上，安然也顺理成章成为全英学联的文艺部长。期间，她成功组织举办了五场全国性的大型活动，这些文艺活动让她觉得自身的协调能力、组织能力、表演能力等各个方面都有了提高。全英学联一年一换，继雷丁大学之后，安然又在牛津大学任主席单位时担任全英学联教育部长，可见安然能力的出色。

安然指导的泰国留学生硕士论文荣获广东省优秀学位论文

多元文化　美妙机缘

研究生毕业后安然如愿到广东外语外贸大学担任英语教师，被安排出国访学，她将选择的专业定为多元文化教育。作为访问学者的她，在出国前联系学校与导师可谓一波三折，根据留基委的规定学费是1000英镑，有的学校觉得学费太少拒收，有的由于专业时间不合适需要等待，机缘巧合下安然遇到了后来让自己受益终生的导师。安然的导师专注于多元文化教育，多元文化的意义就是他愿意接纳世界各地的学生，进修费是1000英镑，导师只收了安然950英镑，得到导师的指导安然至今仍觉得幸运与感激。在英国九年跟随导师学习，安然打开了多元文化的窗口，世界观得到改变；一年的访学生活也为安然的多元文化教育研究定下了重要基调。在雷丁小城，安然与公派到英国的中国家庭接触，激发了她读博士的欲望，非常幸运的是，她成功获得了雷丁大学博士奖学金。

安然选择了多元文化教育专业进行博士深造，作为英语教师的安然勇敢地选择这一独特的领域，与多元文化教育结下不解之缘。

1996年安然开始在国外创办中文学校，传播中国文化、推广汉语，这一举动实际上是孔子学院的前身基础。当时许多留学生带着子女来到英国，跟随着主流学校学习，孩子们都渐渐不说汉语，担任全英学联教育部长的安然组织整个居住在英国的中国内地人创办了七八所中文学校，教孩子们普通话、简体字，区分于当时在英国的许多中国香港人教的繁体字和粤语。

安然在全英学联举办过两次研讨会，她利用周末小学空闲的场地，从国内邮寄教材，在雷丁开创了第一个教普通话、简体字的中文班，安然的举动得到驻英大使馆教育处的大力支持。

放弃绿卡　赤诚回归

访学一年后安然拿到英国的博士奖学金，三年后博士毕业留校任教。连续工作四年后，安然拿到了英国绿卡。目标一个个实现了，突然没有新的目标，让她变得迷茫。在这个节点上，一次偶然的机会，安然成为中山大学EMBA班牛津大学学习的课程翻译，在与学员们的交流中，她听闻国内发展良好，决定回国看看。回国后，祖国的高速发展呈现出的态势吸引了安然，稍有心动。

2004 年，华南理工大学在全世界范围招聘 “特聘院长”，安然参加招聘被录取，开始了创办华工国际教育学院的生涯。渐渐地安然心中认定华工就是她的归宿，她愿意在这里长久地待下去，随后安然选择放弃绿卡回归。

创办孔子学院　中国文化走向世界

1996 年，英国求学期间安然创办了中文班，教普通话简体字，这些传播中国文化的活动培养了她的奉献精神与对中国文化的持久热爱。中文班是孔子学院的前身，也是安然回国推动创办孔子学院的初衷。

在安然的积极努力和推动下，华南理工大学—英国兰卡斯特大学孔子学院于2011 年成立，开设汉语辅修专业、汉语与中国文化学分课程和非学分课程；华南理工大学—爱达荷大学孔子学院于2013 年成立；华南理工大学—德国奥迪英戈尔施塔特孔子学院于2016 年6 月在北京孔子学院总部 / 国家汉办举行签字仪式，这也是全球第一所由著名跨国企业参与投资建设的孔子学院，开启了孔子学院发展的新模式。为了办好孔子学院，安然化身 “空中飞人” 在世界范围内奔波，非洲、中亚、东南亚、俄罗斯都留下了她的足迹。

安然（左三）参加德国奥迪英戈尔施塔特孔子学院揭牌

作为国内最早进行孔子学院研究的学者，安然一直走在孔子学院研究的前沿，带领获批广东省人文社科国际创新平台的华南理工大学“公共外交与跨文化传播研究基地”关注孔子学院、公共外交、来华教育管理等方面的研究，基地的孔子学院研究团队从2008年开始致力于孔子学院研究，她是国家社科基金一般项目和重大项目研究孔子学院的第一人，2016年她成功成为国家社科基金重大招标项目首席专家。

谈及孔子学院的发展，安然感慨颇深。回忆起在雷丁办学的简陋状态，那时说到中文的概念都是粤语与繁体字，安然着重强调普通话、简体字，而如今，雷丁的中文学校已经全部开始教普通话。孔子学院在世界各个角落建立，成为一张张亮丽的中国名片。孔子学院是安然倾注心血培育的树苗，现在渐渐茁壮，对于孔子学院未来的展望安然保持信心也有自己的看法：“办孔子学院实际上是一个中外合作的概念，我们习惯说以中方为主，中方提供资金支持，也不完全是这个概念，中方提供资金是一方面，但外方提供场地是相同的概念，还有两方各自管理自己的人员，工资部分外方也提供了资金。”世界上那么多孔子学院激励大家学习汉语了解中国文化，安然从内心感到高兴，她一直在做细水长流的努力以期让其他国家真正认可、喜爱中国文化。安然反对操之过急，她认为任何变化都要经过长时间的积淀，每个国家的推动过程都不一样，我们不应该也不必强调汉语成为世界第一语言。语言是平等的，尊重每个国家的历史风俗习惯，中国文化才能真正润物细无声地走向世界。

教育创新　关注民生

如今的安然身兼多重身份：华南理工大学国际教育学院院长、全国人大代表，目光始终聚焦在多元文化教育，这既是她选择的专业，也是她一生为之倾力的目标。

安然的课堂有着世界化的面孔，学生来自世界不同国家。对于多元文化教育有着深刻研究的她认为多元文化概念分为两点，首先就是要明确多元文化共享是一个相互学习的过程。多元文化教育的核心是包容开放，安然是这样说，也是这样做的。安然一方面教育学生入乡随俗，另一方面强调包容理解。第二点是对各种文化要平等尊重。“全球化时代下留学生来到中国，我们不只是

安然参加第十三届全国人大会议

向他们宣传介绍中国文化，还要学会欣赏留学生国家自身文化，提供机会让他们展示自己国家的文化，尊重各种文化，中国文化是其中之一。”作为老师，安然追求课堂教学方式的创新，采用互动教学方式，主张学生通过自己的思想言语表达自己学习的知识、全方位帮助学生理解的教学方式，解放留学生爱表达的天性，也极大地启迪了中国学生的思维。

作为国际教育学院的院长，安然一直思考将“形成全面开放格局”落实到教学工作中，推动多种方式促进留学生对中国文化的理解，一方面是课堂教学，另一方面是“感知中国”。“感知中国”第一步是通过各种实践基地让留学生感知中国现代化建设；第二步是感知过程的答疑，让留学生理解中国不仅仅是使用筷子，还有高铁等现代化成就；第三步是践行，让留学生主动参与中国社会建设。安然主张中国文化的传播是一个自然而然的过程，留学生感知到中国文化的力量，就会真心讲述中国故事。

作为全国人大代表，2018 年安然提交的议案是关于海外华人问题，期待有更好的措施手段能促使海外华人回到中国，推动中国现代化建设。她一直关注留学生教育问题，在寻找合适的时机，希望多元文化教育在国内能得到更广泛的关注。

殷殷期待　安然向往

作为华工的老师亦是校友，安然对于华工学子抱有很大的期待。她希望师弟师妹们理解“跨文化交流”的真正含义，学校有两千多名留学生，师弟师妹们有很多机会和他们交流，真正交一个朋友能学到很多知识，对在单一文化中成长的学生理解多元文化是很有益处的。

热爱写诗和读书的安然向师弟师妹们推荐了唐诗宋词和《道德经》，她认为在放松的时候读唐诗宋词很能陶冶情操，在人生道路上《道德经》能教会我们辩证地去看待问题，多角度去思考人生。

人生是奇妙的圆，正如安然所说“因缘际会”。经受历练更加成熟的安然不知不觉已在华工工作了十四年，从孜孜不倦求学的研究生到华工国际教育学院院长、全国人大代表，身份在变，不变的是安然对教育事业的热忱，对科研的一丝不苟，对自我的不断突破。

安静从容，顺其自然，正如安然创作的小诗《安然向往》中写道的：

眺望远方
层层山峦
叶与根旋转
忘了脚下
路返还
心 穿过浓雾
安然而往

XIANG SHUGUANG **项曙光** 〉〉〉

［人物名片］

项曙光，山东青岛人，1999年毕业于华南理工大学化学工程专业，获工学博士学位。1993年破格晋升为青岛科技大学副教授，1998年晋升为教授，现任青岛科技大学过程系统工程研究所所长。主要从事过程系统工程、化工过程安全等领域教学科研。作为项目负责人，主持国家自然科学基金项目3项、企业横向项目50余项。发表学术论文150余篇，被SCI和EI收录30余篇，国家发明专利7项。

踏实进取　朴实无华

——访青岛科技大学过程系统工程研究所所长项曙光校友

■ 苏经俐

“项曙光临时有事出差，他明天上午一下火车会赶来酒店接受采访，采访完中午就又要坐飞机去出差了。”青岛校友会联系人王新萍校友替行程突然发生改变的项曙光师兄向前来采访的母校记者团表示歉意。

就这样，项曙光在百忙之中抽出时间接受了华南理工大学校友会的采访。刚下火车的他，一路风尘仆仆，脸上透露着一丝疲惫，但见到母校采访团成员，他脸上的倦容一下子就消失殆尽，取而代之的是亲切的笑容与爽朗的笑声。在与项曙光的交谈中，我们感受到了他身上踏实进取、朴实无华的精神，正如他自己口中所说的华工精神，务实进取又充满激情。

吃得苦中苦　方为人上人

项曙光出生在一个农民家庭，家里兄弟姐妹五个，自己是老大。他小时候的生活条件十分艰苦，再加上四五十年前，生活物质条件远远比不上今天，生活的艰辛程度可想而知。项曙光上小学、初中时每天都要走两三公里路去上学，而念高中时，学校离家更远，所以他只能一周回一次家，他回忆道："那时候条件非常差，住宿都打通铺。"但是项曙光并不认为这是一种磨难，而是把它作为一种培育吃苦耐劳精神的良机，他欣慰地说："因为这种苦都能受得了，后面的就不再是什么苦了。"在读大学、研究生期间多亏了国家的助学金，项曙光才顺利完成了学业。读研究生时，每月微薄的补助金额仅能满足生活需要，但是项曙光省吃俭用，不但没有花光，还能省出一些钱来补助正在上大学的弟弟。在交谈中，他举手投足间都表现出节俭的良好品质。

那个年代，大伙吃得很差、穿得很差、住得也很差，小孩子都要帮着家里干活，但是生活的艰苦并不能阻止项曙光追求精神上的富有，他每天帮家里一干完活便全身心地投入学习当中。读高中时，饭后老师会陪同一起散步，边散步边询问学到的知识，如此一来，项曙光对知识的记忆更加牢靠。

从小艰苦的环境培养了项曙光吃苦耐劳的品质，父母对他的影响也非常大。项曙光回忆起高中时父亲骑车到学校给自己理发的情景，眼睛里闪烁着感动的泪花。当时大家的生活条件都非常差，在物资匮乏的年代，理发这一件事也是能简就简。所以平时一般都是亲朋好友、左邻右舍之间相互帮忙理发。项曙光读高中时，学校离家远，想要找亲朋好友、左邻右舍理发就没有那么容易了。某一天的一个课间，父亲骑着自行车从家赶来，给项曙光理了发。父亲的双手有些老茧，一手抓着几缕头发，一手拿着剪刀，不紧不慢地剪着。说长不长、说短不短的路，伴随着那说长不长、说短不短的头发丝，项曙光感受到了父亲对他深沉的爱与殷切的希望。

回忆起自己的成长经历，虽然条件艰苦，但项曙光却将此当作一种财富，不断地勉励自己，一路鞭策自己成为更加优秀的人，难怪如今他能够如此云淡风轻地感慨一句："人呢，只有享不了的福，没有吃不了的苦。"

有机不可失　无机不乱抓

虽然项曙光一直认为他读研究生和博士是一种巧合，但在了解了他所谓的"巧合"后，我们认为与其说这是一个巧合，不如说是他抓住了机遇。在上高中之前，项曙光并没有研究生这一概念，直至上了高中，跟随着同学们一起寄宿在学校的老师鼓励他们当中的一名同学要继续深造读研究生，项曙光这才第一次接触到研究生这一名词。于是他思索着，自己并不比其他同学差劲，为什么不可以考研究生呢？因此，要读研究生这个念头便在项曙光心里埋下了种子。项曙光读了大学之后，视野越来越开阔，对研究生的了解也越来越多，再加上当时国家的研究生招收政策逐渐恢复，项曙光也就顺利地考取了大连理工大学化工学院的研究生。

1986 年研究生毕业之后，项曙光并没有紧接着攻读博士学位，而是将自己学到的知识应用到实际，除了和团队的成员一起开发了许多优秀的软件和工程技术，如 ECSS 工程化学模拟系统、MDI 制作技术外，他还将自己学到的知识传授给莘莘学子。1986 年他来到青岛科技大学化学工程专业任教，1993 年由于优异的教学、科研成绩被破格晋升为副教授。一时的荣誉并没有停止项曙光追求知识的脚步，他决定继续深造，攻读博士学位。

“来华工读博士也是巧合。”项曙光再一次谦虚地说道。俗话说，机会总是留给有准备的人。1993 年项曙光破格晋升为副教授后获得了攻读博士学位免试的机会，那时他也认为工作了一段时间后应该继续学习，以便更好地提升自己。一个很偶然的机会，他认识了华贲教授，华贲教授是国内化工行业的专家，当时国内读博是先选择导师再选择学校的，感念于华贲教授的指导，项曙光毫不犹豫地选择了华南理工大学作为他攻读工学博士学位的高校。也就是这样，项曙光和华工结了不解之缘。

项曙光 2010 年在美国旧金山

项曙光回忆起往事，总是喜欢用“自然而然”这几个字来概括。其实，没有什么事情是自然而然的，正如项曙光的一位恩师告诉他的那样，“机遇对每个人都是平等的，只是有人认识到便抓住了，有人没认识到便错过了”。而回忆起自己当年错过了出国留学的机会，项曙光虽有遗憾但不后悔，他说：“人生的路不可重复，不可比较。”

立志欲坚不欲锐　成功在久不在速

项曙光在查阅资料

项曙光在本科、研究生、博士期间都选择了化工专业，如今仍然在从事与化工有关的工作，项曙光将一生的事业都与化工联系在了一起。高中那位喜欢边陪伴同学散步边提问学习内容的老师是项曙光的化学老师，也正是因为这一位老师，项曙光在所有的学科中对化学尤其上心，老师的启蒙对项曙光产生了深远的影响。当问到项曙光是什么支撑他在化工领域走了那么久的时候，他毫不犹豫地说，“干一行得爱一行”。在化工行业面临着许多误解的今天，媒体对化工行业进行大量负面报道，各类安全事故频繁见报，即使这样，他依旧热爱他的职业，热爱化工这一行业。他还引经据典地为我们讲述了化工行业发展的种种，以消除我们对化工行业的误解。他认为：“化工是一个非常好的产业，是国民经济的支柱行业，我们衣食住行都离不开化工。”他对化工行业的发展充满了信心，这种热爱职业的精神着实令我们佩服。

项曙光还以企业的发展过程为例，告诫我们年轻人一定要坚持。“坚持”这两个字在项曙光身上体现得淋漓尽致。无论是夜以继日勤勤恳恳地投身科研工作，还是三四十载兢兢业业地从事化工行业，都体现了 “坚持”二字的内涵。一次，项曙光与他的团队在编程序这一工作中遇到了很大的难题，反复调试了十几天也毫无突破，所谓 “日有所思夜有所梦”，项曙光日夜苦思冥想，最终在梦境中得到了灵感，于是这个难题迎刃而解。项曙光回忆起以前遇到的种种挫折，不禁感慨："你一定要坚持做，有时候会遇到挫折，不那么顺利，面对出现的问题，你如果放弃了，这问题就解决不了了，所以很多事情坚持住了，才能在偶然中有所发现，有所突破。"

坚持除了表现在遇到难题时不放弃，还表现在迎难而上，不断地发现问题、解决问题上。如今已经年过半百的项曙光依旧在坚持学习新知识、新技术，学习这件事可以说贯穿了他的一生，他总是善于学习，无论是在学业中，还是在工作中。他善于总结经验，然后内化为自己的财富，因此，他认为发现问题非常重要，只有发现了问题，才能着手去解决问题，才能从中有所收获。

忆华园往日欢喜　愿母校明日辉煌

项曙光是山东青岛人，是一名地地道道的北方人，到了中国南方的大都市广州，气候、城市风貌对他而言都十分迥异，而深厚的广府文化更是让他记忆深刻。想当年初入华工校园时，项曙光就被母校美丽的风光吸引住了，无论是金银岛畔，还是湖滨路旁，抑或是耸立的红楼、铿锵的碑铭，还是红红的木棉花、长长的百步梯，整个华园都让项曙光流连忘返。最让项曙光印象深刻的是广州的早茶。项曙光第一次喝早茶是在华工的西湖厅，在那里华贲教授带他领略了一番广州早茶的魅力，这早茶不单单是早上才可以喝，中午可以喝，晚上也可以喝。喝茶礼仪的讲究，华贲教授也一一告诉了他，这让项曙光感到十分新奇，当年喝茶的情景如今还记忆犹新。

除了美丽的校园风光和早茶文化，项曙光还惊叹于华工开放的校园环境和繁华的商业气息。华工身处改革开放的前沿之地，无论是校园氛围还是同学们的思想都是比较先进前卫的。当年华工校园非常开放，有许多课外活动、社团实践等，项曙光参加了一个太极拳的活动，虽然教太极拳的老师是校外的，但学校并不会对此进行干涉，这让师生们多了许多休闲娱乐的活动。除了打太极拳，项曙光还会打乒乓球、游泳。总之，华工开放的校园环境让项曙光在读博期间过得非常充实。其次就是繁华的商业气息，当年项曙光已有不少同学开始经商了，并且获得可观的收益。而且广州的大排档开得非常多，同学、师生的交流很多时候都是在大排档边吃边开展的，一派其乐融融的景象，这不禁让项曙光感慨一番中国饮食文化的博大精深。

求学之旅当然少不了同学们的陪伴，回忆起华工学子的风采，项曙光更是赞叹不已，情商高、灵活、开放是项曙光给予华工学子的评价，而这些华工学子的品质也无一不在项曙光身上体现出来。

在华工虽然只有短短不到一年的求学经历，但给项曙光带去的收获却是巨大的。如今一有机会，项曙光便会回母校看看，一边追忆往事，一边憧憬未来，他忠心地祝愿母校越办越好，此生有幸成为华工人是他的骄傲。

结语

采访一结束，项曙光又匆匆地奔赴下一个行程。在他的身上，我们真切地感受到了踏实进取、朴实无华的优良品质。不怕吃苦还以此为宝，勇抓机遇并善于学习，坚持不懈又灵活变通，怀念过往却不忘前行，项曙光就这样“一直努力着”，“回首向来萧洒处，归去也无风雨也无晴”也许就是他当下的心境吧。项曙光虽脚步匆匆，但踏下的每一步都是结实的脚步，这些结实的脚步定能将他引向更远的未来！

项曙光（右一）接受学生记者团采访

HU YANGDONG **胡仰栋** 》》

［人物名片］

胡仰栋，2000年获华南理工大学博士学位。现任中国海洋大学化工系主任，兼任化学工程与工艺专业教学指导委员会委员。为国内唯一大型化工过程模拟软件ECSS及其后续产品DOPS、化工之星、MPSS等软件的主要研制人。参与完成20余项科研项目。2000年被评为百千万人才工程青岛市第三层次人选。2001年被评为青岛市专业技术拔尖人才。青岛市政协委员，《山东化工》编委。

含笑淳淳历人生
知书郁郁为栋梁

——访中国海洋大学教授胡仰栋校友

■ 古佳霖

垂柳微风行云，白砖红瓦蓝天，穿过小半个中国海洋大学新校区，诸多明快的色彩让人心怀愉悦。

胡仰栋校友在他的办公室热情地接待了我们一行人，神采奕奕、平易近人是他带给我的第一印象。整个访谈过程中，他以清晰的逻辑和朴实的话语与我们分享了这一路走来的人生感悟，让我们有所思，有所悟。

二十年坎坷路　少年蓄势待发

胡仰栋1957年出生于江苏沭阳县的农村，出生后的第二年，作为一名老革命且时任乡镇一级干部的父亲因“不当言论”而被划为“右派”，原本还算宽裕的生活顿时捉襟见肘，哥哥姐姐也被迫辍学。

在当时的农村，有条件读书的孩子本来不多，老师的文化水平也普遍不高，幸运的是，胡仰栋热爱学习且成绩优异，在一名初中数学老师的引领下，胡仰栋对数学也始终怀有浓厚的兴趣。

在那个“读书无用论”的年代，初中毕业后胡仰栋仍保持强烈的学习欲望，而且得到的家人的守护与支持——哥哥们为他分担了挖河等生产队分配的重活累活，母亲更是他最坚强的后盾：“只要能好好读书，你读到哪里都支持你。”

谈到母亲，胡仰栋的语气里满是感激和动情。有次母亲带他去探望父亲，两人走了十公里路后饥肠辘辘，于是母亲买了碗面给他，自己却从口袋里拿出稻糠饼就着面汤吃。然而，母亲管教孩子是严格的，孩子必须勤快。母亲勤劳、坚强的品格也深深影响着胡仰栋。

生长于如此环境中的少年胡仰栋，自然磨炼了勤劳、能吃苦的品质，曲折坎坷的学习经历也让他更加珍惜学习的机会。“人做事情、干工作累是理所当然的，累就累点。”这份乐观积极的心态，帮助胡仰栋走过了求学时的重重难关，在后来的工作中亦是给予他莫大的助力。

初中升高中时，初中校长的极力推荐让胡仰栋免受家庭背景的限制，通过考试推荐制顺利考上高中。在高中时期，读书无用的思想继续蔓延，所幸胡仰栋没有受其影响，全心全意地努力学习，汲取知识。回忆往昔，来自无锡的数化老师蒋老师、来自上海的物理老师和“南京下放户”同学都让他开阔了眼界，相较于初中，高中的学习环境和氛围得到改善。

1975年高中毕业后，没法上大学的胡仰栋只能暂时回家，在这段日子里，胡仰栋既在生产小队里干过繁重的农活，还做过宣传员、赤脚卫生员、批判小分队队员等。到了1977年，几经周折，胡仰栋当了一名民办语文教师，他明白农村学生学习的来之不易，给学生们的作文写评语时，总是写得很长，尽可能地去鼓励他们。

胡仰栋（左二）与高中老师和同学

1977年7月，恢复高考的消息传遍神州大地，得知这个消息时胡仰栋正在工地上——“机会来了！”

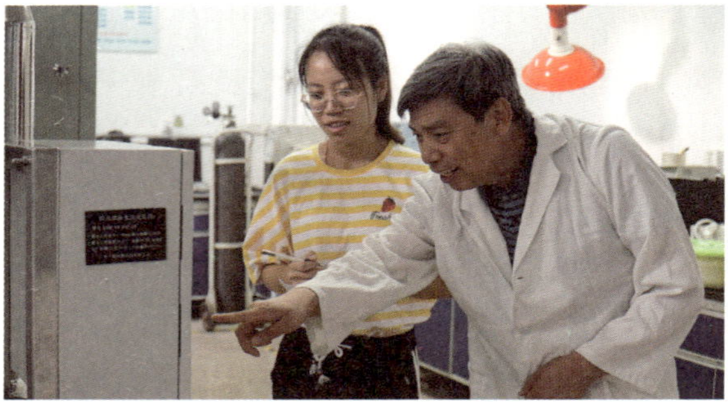
胡仰栋（右一）指导学生

胡仰栋向学校请了假，向哥哥借了辆自行车，每天晚上去临近乡听老师的复习课。也许是缘分，一名高中时要好的“南京下放户”同学和他一起复习，同学的母亲还邀请胡仰栋到他们家里一起吃饭、一起复习。等到初考和统考都结束时，胡仰栋和这位同学从数十万考生中脱颖而出，都成了一名大学生。

渴求知识　改变命运

六朝古都，玄武湖畔，少年胡仰栋来到了南京化工学院（今南京化工大学），就读高分子化工专业。初来乍到，省会城市的繁华、周边同学的谈吐等让胡仰栋产生了强烈的自卑感；当大学的知识大门向他敞开时，心中所生又是强烈的敬畏感与渺小感。这些感觉交织着，胡仰栋明白，“当好一名大学生要费好大工夫”，一份坚定也在他心中萌芽。

胡仰栋开始了如饥似渴地学习，大量的阅读和超前的学习让胡仰栋在学业上始终保持优秀的成绩。“特别努力”一词也是对那一届大学生的概括，面对来之不易的机会，周遭同学“就像疯了似的学习”，老师怕学生太累，关灯的时间一再提前，厕所里、路灯下也常常派人巡查。

谈到动力，胡仰栋眼睛里交织着许多感情：“对知识的渴望就是最原始的动力，相信知识能够改变命运！”正是由于这份相信，胡仰栋的大学四年在充实的学习中度过，不敢浪费这宝贵的时光，这也为他打下了坚实的基础，等到毕业设计时，就算是超出书本的知识，胡仰栋也已能够熟练运用。

本科毕业，整个学校 18 个人考上研究生，胡仰栋也顺利考上并来到了新的化学工程专业。因为专业课程与本科差别较大，又补了很多化工方面的知识。实验室里的日日夜夜，和导师学习的时光、做论文时的冥思苦想，两年半研究生生涯一晃而过。1984 年，胡仰栋硕士毕业了。

软件开发、产学研两获殊荣

研究生毕业分配工作时，机缘巧合下，胡仰栋去到青岛化工学院当了一名讲师。

初到青岛化工学院的胡仰栋心里就寻思要加入一个好的科研团队，几经打听，胡仰栋找到了丁惠华教授和韩方煜教授领衔下的计算机模拟团队，一番沟通后，胡仰栋成为团队中的一员。

不怕难不怕苦，胡仰栋有着强烈的上进心和极强的自学能力。要开发软件就要掌握计算机语言，胡仰栋便自学掌握了 Fortran 语言。在学习使用 M6800 微型机时，胡仰栋结交到一个专门负责微型机的朋友，在他的帮助下，胡仰栋又快速掌握了使用技巧。一段时间后，大家都知道胡仰栋处理微型机方面问题很拿手，以前是去问负责人，现在找胡仰栋就行。

团队引入 IBMAT286 微型机后，由于操作系统不同，以前的软件并不能使用，就在那时，胡仰栋做出了一个决定，要把 M6800 上的软件传译到

胡仰栋（前排右四）与研究生学生

IBMAT286 上。两周后，胡仰栋把编写好的传输程序在微型机上运行，当软件成功传输并正常使用后，整个团队欢腾了，这对于研发工作而言有着莫大的帮助，大家纷纷赞叹："你干了一件很了不起的事！"

正是秉承着"一定要在某个方面当第一名"的信念，胡仰栋工作上勤勤恳恳，力求突破。1990 年时胡仰栋便是计算机与化工研究所副所长，1993 年，胡仰栋正式成为计算机与化工研究所所长。

在研究所期间，胡仰栋作为主要研制人，和团队研发了 ECSS 工程化学模拟系统——化工之星。ECSS 的成功研发和推广使得计算机在化工领域中的应用起到了非常大的作用，一经推出，便引起巨大轰动。ECSS 当时拥有 100 多企业用户，每年都要举办培训班，其火热程度可见一斑。在 1988 年的时候，ECSS 作为计算机软件界的第一名，更是获得了国家科技进步二等奖。

1988 年，烟台万华合成革集团找到胡仰栋团队，希望帮助他们解决 MDI 生产上的技术问题，几经协商，一段经典由一纸合同开始了。

胡仰栋在访谈中

胡仰栋团队先是帮助企业成功找到了生产中的问题所在，一份报告让厂长"云开雾散"。而后在 1992 年到 1993 年，由于国际的技术封锁，国家与企业引进高水平 MDI 先进生产技术的愿望屡屡碰壁。"引不进来，那就自己干"，胡仰栋团队与企业签订了多份长期合同，誓要解决 MDI 技术升级问题。

1994 年到 1996 年，在不懈的努力下，MDI 年产量从 1 万吨、1.2 万吨、1.5 万吨达到了 2 万吨，产量实现翻倍。山东省政府非常重视该系列项目，投入大量资金帮助团队突破难题，全面开发技术。1998 年，难题基本攻破，这意味着中国初步掌握了 MDI 先进生产技术，在这个领域真正走到了世界前列。这项技术，也帮助企业走在了世界的最前沿。1999 年，该项目获得了国家科技进步二等奖。

华园攀登　追求卓越

在 MDI 技术攻关期间，胡仰栋曾遇到一个反应器设计问题，产品的回收率很低，后来通过查阅胡仰栋发现了这里面涉及反应器选择的学术问题。这给了他很深的感触，硕士毕业后，一直专注项目方面，解决的问题中工程技术问题居多，学术方面还远远不够，当时的胡仰栋便萌生了系统地去学习的想法——“不能光干活，要在理论学术上有提高”。

正值系统工程界的权威华贲教授在华工当博导，胡仰栋知道华教授对能量利用这方面造诣很深，便下定了决心去华南理工大学深造，并正式成为一名华工学子。

谈起与华工的缘分，胡仰栋说到初来广州的经历：当飞机在羊城上空盘旋，耸立成群的高楼、奔流蜿蜒的珠江水一下子打动了他。广州这座城市，给了他很不一般的感受。

在胡仰栋的眼里，广州是 “热烈” 的。凌晨两三点的街道仍有行人，等到四五点，便是早起劳作的人们。这里的人富有激情，校园里校园外有着各种交流、各种活动，只要你愿意，总是可以找到很多的机会。

身处广州如此一个经济大城，身边的博士生同学很多都有着自己的生意，这也让胡仰栋感受到与北方截然不同的商业气氛与激情。“节奏快、思想活跃，这都为我注入了新的激情，是商业激情，亦是交友激情！”

胡仰栋（右一）与导师华贲教授和师兄陈清林

说起与同学的情谊，一起游玩华南植物园、大排档的每周欢聚、同学家里煲的汤等小事都历历在目。直至今日，胡仰栋还保持着和华工同学的密切联系，校友会的活动也常常有他的身影。

广东重视科研、学术气氛浓厚。在这样的氛围下，华工学子与老师无论学习还是做课题都务实求真，不达目标决不放弃。这样的学风、精神给胡仰栋带来的不仅仅是深刻的印象，待结束学习回青岛做论文时，胡仰栋践行“求真务实”精神，一份170多页的关于反应器网络设计的论文，内容极尽翔实。

2000年，胡仰栋拿到了博士学位。

续写篇章　遨游商海

2001年，应中国海洋大学校长之邀，胡仰栋担任了化工系主任，从科研到教学，又迎来一次新的挑战。

肩负着学科建设的重任，十三年的化工系主任任职生涯里，胡仰栋充分利用自己的力量，从人才招募到教学指导，从科研创新到争取项目，他为中国海洋大学化工的发展做出了斐然贡献。

硕士点与博士点相继建立、通过工科认证、与企业开展合作项目等等，这些年来，中国海洋大学自主培养的化工人才也正逐步在科研和应用领域中崭露头角，其化工实力由相对薄弱达到了一个较高的水平。

2002年，胡仰栋在华工读书时所感受到的商业氛围给了他很深的触动，他作为技术顾问与太太一起创办了工厂，决意为化工实业做出贡献，将技术转向产业化。

企业刚起步时，由于缺乏资金，设备异常简陋，锅是民用锅，炉是自己搭建的土炉。胡仰栋笑称：“堂堂一个教授，用的是农民工技术。”有一次，公司争取到了投资方并且达成了口头协议，结果投资方代表来到工厂看到如此条件，“人扭头就走了”。

随着公司的发展，胡仰栋也投入了很多精力研发公司的核心技术。在光伏产业切割液和砂浆回收领域，胡仰栋都是国内探索第一人。在中国光伏硅片切割液与废砂浆回收技术实现产业化方面，胡仰栋是绝对的积极贡献者，而公司也逐步取得了骄人的成绩。

随着旧技术的逐步淘汰，胡仰栋正聚焦于新技术的开发。“企业是技术开发的主体”，胡仰栋团队也以此平台，培养更多的优秀人才。

博物洽闻　做自信国人

工作之余，对于政治、经济、军事、宗教、文化、艺术、文学、哲学，胡仰栋都有所涉猎，有着自己的独到见解和鉴赏力。

提到哲学，胡仰栋分享了自己的一个思考见解，“世界上的一切事物主要是树形结构”，就像是中国儒家文化的理学即是“树”的另一种表达，从中央到地方，树根理多，树梢理少。他建议我们从结构本身去认识世界，运用哲学的思想去思考。

对于中华民族的传统文化，胡仰栋更是充满热爱。说到兴起，胡仰栋分享了他对于杜甫《望岳》中诗句“荡胸生层云，决眦入归鸟。会当凌绝顶，一览众山小”的新颖见解。

胡仰栋将其理解成“泰山有宽阔的胸怀，其中生出层层云气，山间像瞪大眼睛的裂缝处，飞鸟掠过”，前两句将泰山拟人化，既写出了泰山雄伟宽广的宏大之处，又写出了细微事物的精妙之处，其中蕴含的对比手法也更符合诗的规律。而后两句的“会当”二字，相比于“一定要”，胡仰栋认为理解成“假如有那么一天”向往更符合诗人崇敬泰山的心境，表达一种向往之情，也借赞美泰山抒发自己心中崇高理想。

胡仰栋（左三）与学生记者团合影

结　语

回顾胡仰栋校友走过的半生，实在给人太多感触与思考——是在小小少年时排除万难、一心求学的坚定；是面对生活工作中的坎坷，困苦时的乐观、吃苦精神；是在科研路上敢为人先、勇夺头筹的气概；是取得傲人成就后不骄不满、追求卓越的态度；更是在教书育人、奉献自我中实现人生价值的无悔……

从同学年少到双鬓夹霜，有太多选择等待着你，有人疑惑有人困顿，胡仰栋校友给出了他的答案，笑语淳淳历经人生浮沉，知书郁郁成就国之栋梁。走在时代的前沿，胡仰栋校友身体力行地阐述着华工精神，也对年轻一代寄予深深的期待。以树喻人，坎坷让你丰茂，向上让你挺直，栋梁之材，就在未来。

终日乾乾　与时偕行

——访中国科学院青岛生物能源与过程研究所研究员阳仁强校友

■ 杜胜君　陈晓洁

《《 阳仁强 YANG RENQIANG

［人物名片］

阳仁强，四川南充人，1973年生，2004年7月毕业于华南理工大学材料学专业，获博士学位。毕业后在美国 University of California Santa Barbara（加州大学圣塔巴巴拉分校）从事研究工作。2009年2月回国加入中科院青岛生物能源与过程研究所。入选中科院“百人计划”，研究员，博士生导师。研究方向：有机/高分子半导体材料的设计合成及其在柔性显示、可再生能源、多孔吸附分离以及生物医学等领域的应用研究。

2018年7月21日，天气凉爽，带着好奇与期待，华工记者采访团来到了中国科学院青岛生物能源与过程研究所，拜访2004届的阳仁强校友。见到我们一行人到来，笑容和蔼、热情亲切的阳仁强校友与李滨校友一起带领我们参观并介绍了研究所，之后在会议室里，阳仁强校友侃侃而谈，开始讲述他与华工的故事。

拳拳赤子心　耿耿桑梓情

阳仁强于1973年出生在拥有“古老嘉陵江畔的明珠”美誉的四川南充。他的家乡位于营山县，在四川省的东北部，由于是川陕革命根据地的边缘，那里老红军很多。小时候父母对他的教育采取开明的态度，用阳仁强的话来讲，那时是放飞自我的时代，经常能与大自然亲近，更加快乐和放松，从没有课外补习，与现在素质教育下的浓烈学习氛围有很大不同。

阳仁强还讲到较之现在，没有多少孩子看到过油菜花，但以前每到春天就会去看满山遍野的油菜花，完全不比婺源的差。而正是这自由宽松的沃土，加之自幼在开明、自由式家庭教育的熏陶下，孕育了他的创新思维方式和相对独立的性格。同时这样一段快乐难忘的童年经历，也为他未来的发展做了铺垫。因为这种创新思维伴随着他，成为他成长路上的一块重要的基石。无论是他之后到华园求学，或是去美国深造，甚至是之后回国独立开展科研，都是与他小时候培养的创新思维分不开的。

忆青葱岁月　筑华园瑞梦

进入华南理工大学，对阳仁强来讲既是偶然也是必然。1992 年阳仁强从哈尔滨理工大学毕业后，1996 年至1999 年在东方电机股份有限公司任助理工程师，虽在国有企业工作，但由于人浮于事的工作氛围让自幼成长于自由、开放、独立环境的阳仁强感到不适，他感觉这不是自己的人生追求。于是，他决定继续读书深造。虽然当时国内有诸多竞争实力很强的高校，但他还是由北至南来到了华工攻读研究生学位。在当时，位于改革开放前沿的广州，让他求学期间就明白，未来寻求下海的机会，或许是一个不错的选择。加上很多同学在珠三角地区都有了一番很好的事业，因此他萌生了硕士毕业后到珠三角地区创业的想法。由于他在硕士阶段出色的表现，导师曹镛院士建议他硕博连读，于是就这样沿着科研的道路一路走来。

在这些偶然因素与必然因素的促成下，阳仁强继续了他的华园之旅。在这里，他遇到了影响他一生的导师曹镛院士。他讲道："一日为师，终身为父。"可见他对于导师曹镛院士的感激与尊敬。在学习上，曹老师给予学生一个宽松的学习环境，支持学生有不同的想法，培养学生的独创精神。曹老师的这种教学方式对于从小生活自由、思维敏捷的阳仁强来说很合适，并给他留下了深刻的印象。他还回忆，当时有一次做实验，有人不小心打翻了一瓶浓盐酸，正当所有人面面相觑不知所措的时候，曹老师凭借丰富的经验，有条不紊地处理好了，这种扎实的基本功和遇事沉着冷静的心理素质，对他有着潜移默化的影响。同时，在科研方面，他认为开放思维的培养，更加适合具有创新性格的人，严格的管理更加适合勤奋刻苦的学生。在生活上，曹老师对于他来讲也是影响最深的一位导师。从华工毕业后阳仁强准备出国深造，但刚刚毕业口袋空空，这时曹老师主动伸出援手，借给了他2000美元，阳仁强受到莫大的感动，导师给予的支持、鼓励所产生的影响延续至今。每当他课题组的学生有困难，他都会像曹老师那样伸出援手，其中也不乏国际留学生。这是一种激励帮助学子的正能量的传承。

当讲述他与华工的奇妙缘分时，他感慨道："人可以设定目标，但不需要局限于此，有时候偶然因素强过必然因素，当然这得建立在你有坚实的必然基础上。当真正切入工作中的时候，就需要一种精神，一种科研的思维能力和开放开明的工作态度。"

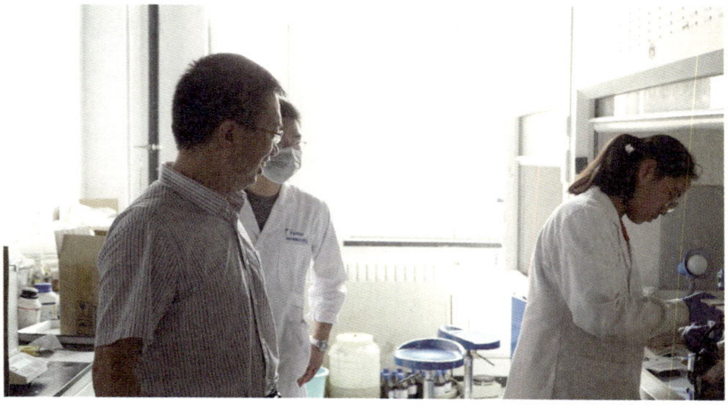

阳仁强（左一）指导学生实验

在华工，阳仁强收获了三种对于他之后发展有着重要影响力的品质。一是动手能力的培养。这对于科研人员来讲，是必然的要求，也是严格的要求，包括看似最简单的清洗烧杯。在华工学习阶段打下的超强动手能力，也为阳仁强之后的科研道路奠定了坚实的基础；二是科研精神和开放的思维，要能够吃苦耐劳。他回忆道，平常都要工作到晚上10点多才睡觉。有句话说得好，越努力越幸运，他的这种不怕苦不怕累的拼搏努力精神也让他走上人生的康庄大道。而华工，既培养了他吃苦耐劳的科研精神也培养了他开放创新的思维，这影响了他的一生。三是收获了美丽的爱情。当时他的同学通过QQ认识了一位外国语学院的女生，两人相约见面，他的同学叫上阳仁强一同前去，而恰恰遇到了同样陪同朋友来赴约的女生，就这样二人初次相识。当时，那位女生正学习Electronics（电子学），而阳仁强正好之前学过这门课，虽然中英文课本有一定差异，但他抱着必须会的态度上阵协助，久而久之，两人情投意合，最后成就了一段美好姻缘。

不仅仅华工校园的学习生活给阳仁强留下深刻的印象，广州作为美食之都，各种特色小吃也吸引了他。作为一个四川人，阳仁强表示比起四川菜的麻和辣，粤菜更合他的口味。提及广州，他用了一个字来形容——热，他回忆道，当时在学校从西湖走到校门口就足以让人汗流浃背。但广州与华工还是给阳仁强留下了许多珍贵而又美好的回忆。虽然现在已经独立工作，但阳仁强还是很感恩母校，时常牵挂母校的发展。

科研结硕果　桃李满芬芳

阳仁强在实验室

博士毕业后，在曹老师的鼓励下，阳仁强来到了美国加州大学圣塔芭芭拉分校继续他的科研道路。在美国深造的这五年里，他以第一作者发表了多篇高水平研究论文，成果卓著。关于对科研的感触，他发现美国与中国在科研学术氛围方面还是有些不一样的，美国的科研环境较之国内可能更为宽松独立一些，能促进人的思维创新。除此之外，他表示国内的科研资源较之过于集中，国内的创新和组织方式较之国外还有很多需要提升的空间。当谈及如何做好科研时，阳仁强感触颇深，他认为做自然科学方面的研究，最好在本科和研究生期间打好坚实的基础，多进实验室，踏踏实实做事，是金子总会发光。如果经济条件允许，出国深造学习不失为一种较好的选择。他举例说，当时曹老师实验室有一位本科生小师弟，大一下学期开始，天天做实验，本科毕业后直接就被加州大学录取攻读研究生。最近，他指导的中国海洋大学一名本科生从大二就开始来他的实验室学习，今年刚一毕业，就被著名的德国慕尼黑工业大学录取。他们在人生事业和生活上都取得了很好的发展和成就，作为导师的他，也倍感欣慰。

在美国多年的学术科研之后，因当时的背景等因素，阳仁强感觉很难长期独立的做事，虽然这期间也面试过杜邦等企业，但带着想要自己闯出一片新天地，实现自身人生价值的想法，加之国内引进力度很大，阳仁强还是选择回国谋求发展。由于青岛滨海的位置，宜人的气候，以及蓬勃发展的经济给他留下深刻的印象，最终以“百人计划”加入中科院青岛能源所，来到了青岛发展。

深情系母校　寄语送学子

在求学路上，阳仁强辗转过许多地方，出生于四川，本科毕业于哈尔滨理工大学，博士毕业于华工，后来到美国深造。他表示，较之北方学生，南方的学生兴趣爱好多但学习动力还有提高的空间。华工相对宽松自由的环境在一定意义上可以给予我们很大帮助。对于正在求学的师弟师妹，阳仁强表示如果经济条件允许，他建议可以出国学习，出去走走，见见外面的世界，丰富自己的履历，增长见识与经验，实现多彩人生。国外潜移默化的影响也能够提升自己。最后，在采访结束之前，阳仁强再次感谢了华工母校的培养，并表达了对母校的真挚祝福，同时也对师弟师妹们提出了期望与建议，希望师弟师妹们能够珍惜在华工的每一天，在这样一个很好的平台，打下坚实的基础，成长为社会、国家的栋梁之材。在有条件的情况下，到世界各国学习、走走看看，让全

阳仁强（左四）与华工访问团合影

世界的每个角落，都留下华工人的足迹。最后他强调，他的发展历程其实很多时候是由于偶然因素和必然因素的结合，所以他建议我们在设定目标的时候不要受其局限，同时也表示努力学习打下基础才是最重要的。

结　语

阳仁强校友多年来静心专攻科研，无不体现着扎实基础，卓然创新的品质。一路走来，他不平凡的人生其实与他的努力与坚持息息相关，他用行动体现着博学慎思，明辨笃行，践行着华工精神，去激励着每个华工人不断努力奋斗。

编后语

EDITORIAL AFTERWORD

每年的返校日，带着对母校的思念、对恩师的感激、对同窗的情谊，校友们都会从全国各地、五湖四海相聚在华园，欢声笑语，青春再忆。而每一年的返校日，母校都会精心准备一份带着油墨清香的家书《华工人》，它记录着优秀华工人的点滴成长，诉说着美丽华园的岁月故事……

今年，《华工人 · 2018》也如约而至。本书通过41位优秀校友的人物故事，向读者娓娓述说了校友们在大学难忘的青春回忆和毕业后勇于拼搏、敢为人先的奋斗经历，以及他们作为过来人对人生的感悟和对华工学子们的谆谆教导，这些鲜活的个体人物深刻诠释了“博学慎思　明辨笃行”校训和“厚德尚学　自强不息　务实创新　追求卓越”大学精神的真谛，表达了校友们对学校最真挚的感情。

本书的采访稿是“锋牌管材杯”第十届“访谈校友　启迪人生”大学生社会实践活动的成果。校友会在全校选拔了63名大学生志愿者分赴山东、天津、浙江、河南、四川、重庆、安徽、广西及广东的珠海、东莞、顺德、佛山、江门、茂名等地，访谈优秀校友，将访谈成果整理成文章，按照校友工作所在领域，设置“创业凯歌”“睿智商海”“工匠本色”“科技兴邦”“学术求索”五个栏目，既创新了人才培养模式，又丰富了地方校友会的活动主题，更架起了母校和校友沟通的桥梁，将母校的问候和祝福以及校友的关心和思念及时传递。

在此，诚挚感谢学校各级领导、相关部门和师生员工的大力支持；诚挚感谢各校友分会的悉心安排和优秀校友推荐；诚挚感谢受访校友的积极配合和支持，是你们抽出宝贵的时间与学校师生面对面交流，认真审阅修改访谈文章，并提供了许多珍贵的照片；诚挚感谢参与本书采写、编辑的学生记者和老师，从校友的资料收集、访谈到文章撰写、修改、收集照片等都做了大量的工作；特别要感谢的是广州广化塑料管道有限公司董事长、总经理林明松校友连续五年来对我们访谈活动的鼎力赞助支持。

由于稿件的写作、编辑、修改和设计时间仓促，加上能力所限，本书难免存在不足之处，敬请广大校友和读者谅解。同时由于篇幅所限，许多校友搜集整理的珍贵老照片和资料无法一一刊登，我们深表遗憾！也请校友们给予理解。

最后，我们真诚地希望有越来越多的华工人关心校友工作，帮助校友进步，传承华工精神，推动母校发展，为我校“双一流”大学建设贡献自己的力量。

再次感谢您对《华工人》的支持与厚爱！

华南理工大学校友会秘书处
2018年10月